ANATOMIE

INTRODUCTION A LA CLINIQUE

8

ABDOMEN

APPAREIL DIGESTIF ET REIN

TOME 2

PIERRE KAMINA
Professeur d'Anatomie
Gynécologue - Accoucheur des Hôpitaux
Université de Poitiers

VINCENT DI MARINO
Professeur d'Anatomie
Chirurgien des Hôpitaux
Université de Marseille

ANATOMIE

INTRODUCTION A LA CLINIQUE

8

ABDOMEN

APPAREIL DIGESTIF ET REIN

TOME 2

Préface du Professeur André GOUAZE

MALOINE
27, RUE DE l'ECOLE DE MEDECINE 75006 PARIS
1993

- Volumes parus dans la même collection « **Anatomie — Introduction à la clinique** » :
  - **Anatomie générale (2e édition),** par P. KAMINA
  - **Ostéologie des membres (2e édition),** par P. KAMINA
  - **Myologie des membres — Bilans musculaires (2e édition),** par P. KAMINA et Y. RIDEAU
  - **Arthrologie des membres — Description et fonction,** par P. KAMINA et J.-P. FRANCKE
  - **Vaisseaux des membres (2e édition),** par P. KAMINA et V. DI MARINO
  - **Nerfs des membres,** par P. KAMINA et J.-J. SANTINI

- **Du même auteur :**

  Dictionnaire-atlas d'anatomie (en 3 volumes).
  Prix de l'Académie de médecine 1984.
  Caducée d'or 1985 du Festival international du film et du livre médical.
  Prix Georges Pompidou 1986.

  Petit dictionnaire d'Anatomie, d'Embryologie et d'Histologie, 1991.

- **Guide pratique des explorations fonctionnelles en Gynécologie,** 1991.
  par J.H. SOUTOUL et P. KAMINA

- **Guide pratique des explorations fonctionnelles en Obstétrique,** 1992.
  par J.H. SOUTOUL et P. KAMINA

  Le corps humain. Planches d'anatomie
  L'appareil génital féminin
  L'appareil génital masculin
  L'appareil urinaire
  L'œil
  La bouche
  La peau
  Le cœur
  Les muscles. Vue dorsale
  Les muscles. Vue ventrale
  Les poumons
  Le squelette. Vue dorsale
  Le squelette. Vue ventrale

Illustrations

Conception : Pierre KAMINA

Illustrateurs médicaux : Léon DORN
Antoine BARNAUD

Dépôt légal : Juillet 1993 — ISBN : 2-224-02255-7

PRÉFACE

L'étude de l'Anatomie a sans doute été un pensum pour de nombreux étudiants en médecine rebutés par la complexité et l'obscurité du langage anatomique, par l'austérité de la plupart des manuels et l'absence d'ouverture sur la fonction et sur la clinique, rebutés donc, en fait, par le seul effort de mémorisation que l'Anatomie leur demandait.

Toutes ces données ont été prises en compte par Pierre Kamina dans la conception de ces fascicules destinés à l'étudiant du premier cycle des études médicales et à l'étudiant des écoles paramédicales.

Le langage anatomique utilisé, exclusivement moderne, est la nomenclature anatomique issue de la Nomina Anatomica francisée que tous les médecins, quels qu'ils soient, doivent maintenant accepter.

Le texte est court, précis, aéré et présenté dans un souci didactique, sans détail inutile pour l'étudiant et donc facile à mémoriser.

L'iconographie, très riche et en quadrichromie, ajoute un attrait supplémentaire. Certains schémas sont stylisés dans un but de mémorisation mais toujours sans nuire à la réalité anatomique.

Enfin les données essentielles de la fonction et de nombreuses applications pratiques, médicales et chirurgicales, viennent souligner dans le texte la raison d'être des structures anatomiques.

Pierre Kamina offre ainsi aujourd'hui aux jeunes étudiants, un outil de travail précieux qui, sur un autre registre et par sa qualité, est de la veine de sa remarquable « Anatomie gynécologique et obstétricale » et de son magnifique « Dictionnaire Atlas d'Anatomie ».

André GOUAZÉ,
Secrétaire du Collège médical français des professeurs d'anatomie.

TABLE DES MATIÈRES

NOTES PRATIQUES

1) Les principales applications médico-chirurgicales sont en petits caractères rouges
2) Chaque chapitre est précédé d'un sommaire et des mots-clés qui faciliteront les révisions rapides avant les examens et concours.
3) Les légendes chiffrées permettront un autocontrôle objectif des connaissances.
4) Les abréviations utilisées sont les suivantes :

a = artère	m = muscle	post. = postérieur
aa = artères	mm = muscles	sup. = supérieur
ant. = antérieur	n = nerf	ancien. = anciennement
art. = articulations(s)	nn = nerfs	syn. = synonyme
f. = fascia	r. = rameau	
inf. = inférieure	v = veine	
lig. = ligament	vv = veines	

5) Les livres conseillés à la fin de l'ouvrage pourront être consultés si l'étudiant souhaite approfondir un chapitre.

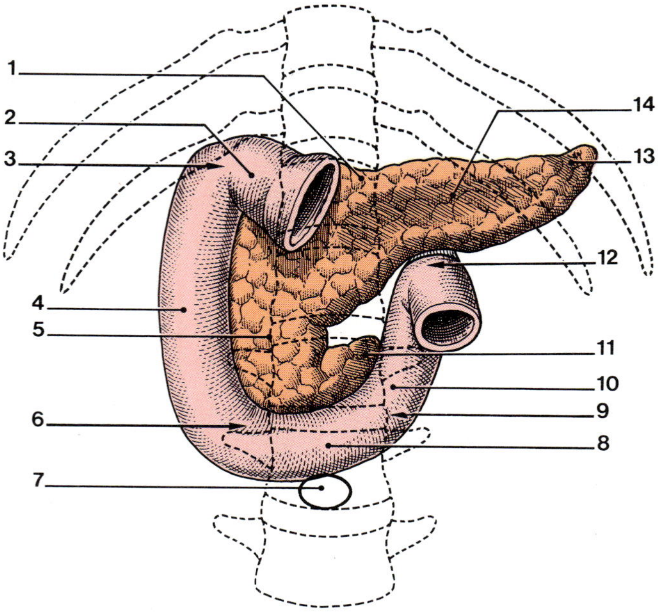

Duodénum et pancréas : situation

1 - Tubercule omental
2 - Partie supérieure du duodénum
3 - Angle supérieur du duodénun
4 - Partie descendante du duodénum
5 - Tête du pancréas
6 - Angle inférieur droit du duodénum
7 - Ombilic
8 - Partie horizontale
9 - Angle inférieur gauche
10 - Partie ascendante
11 - Processus unciné
12 - Angle duodéno-jéjunal
13 - Queue du pancréas
14 - Corps du pancréas

12

LE PANCRÉAS

Le pancréas est une volumineuse glande impaire annexe du tube digestif. Il est solidaire du duodénum. C'est une glande exocrine dont la sécrétion est riche en enzymes digestives et une glande endocrine assurant principalement la régulation de la glycémie.

Chirurgicalement, l'exérèse totale de la tête du pancréas ne peut être menée à bien sans l'ablation concomitante du duodénum. Quand l'exérèse de la tête pancréatique est indispensable, on réalise donc une duodéno-pancréatectomie.
Il peut faire l'objet de transplantation.

SOMMAIRE / MOTS-CLÉS

ORGANOGENÈSE

Le pancréas dérive de deux bourgeons, constitués de l'épithélium entoblastique de la partie caudale du proentéron.

Ces deux bourgeons ventral et dorsal, pourvus chacun d'un conduit, s'accolent à la suite d'une rotation du bourgeon ventral qui rejoint le bourgeon dorsal ; les conduits pancréatiques ventral et dorsal fusionnent.

- *Le conduit pancréatique*[1] est formé par la partie distale du conduit pancréatique dorsal et par la totalité du conduit pancréatique ventral.
- *Le conduit pancréatique accessoire*[2] est constitué par la partie proximale du conduit pancréatique dorsal.

Le bourgeon pancréatique ventral forme la majeure partie de la tête du pancréas et le bourgeon dorsal, le corps et la queue.

Si le développement du pancréas dorsal se fait des deux côtés du duodénum, il se crée un *pancréas annulaire* responsable de sténose du duodénum.

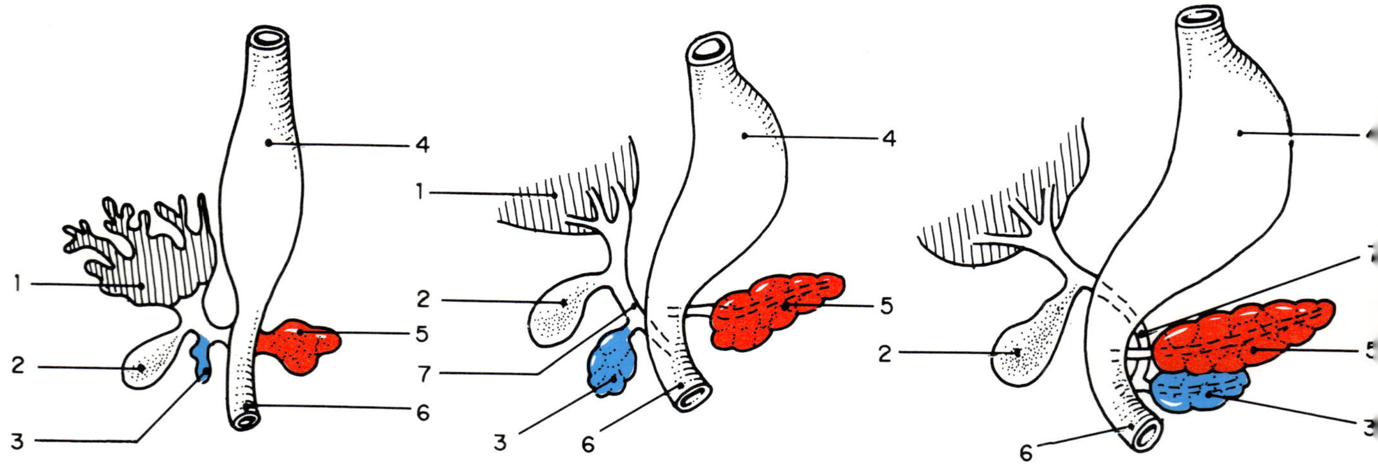

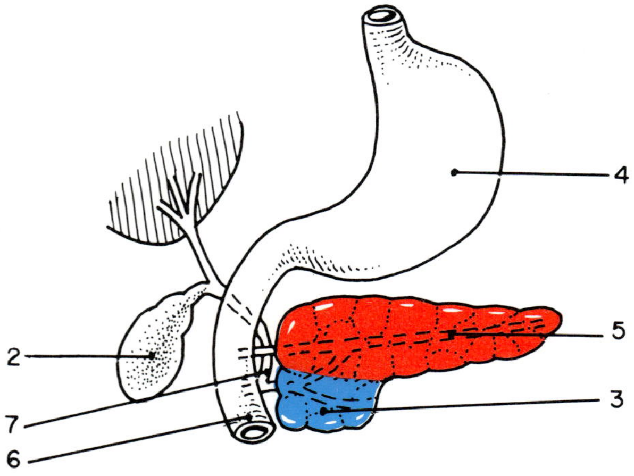

Développement du pancréas

A - A 30 jours
B - A 35 jours
C - A 6 semaines
D - Pancréas définitif
1 - Bourgeon hépatique
2 - Vésicule biliaire
3 - Bourgeon pancréatique ventral
4 - Estomac
5 - Bourgeon pancréatique dorsal
6 - Duodénum
7 - Conduit cholédoque

1. Ancien. : canal de Wirsung.
2. Ancien. : canal de Santorini.

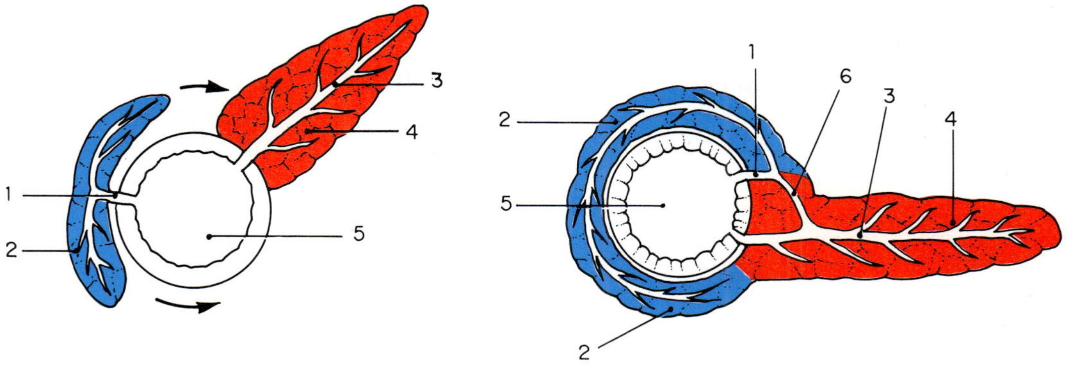

Formation du pancréas annulaire

1 - Conduit pancréatique ventral
2 - Bourgeon pancréatique ventral
3 - Conduit pancréatique dorsal
4 - Bourgeon pancréatique dorsal
5 - Duodénum
6 - Conduit pancréatique accessoire

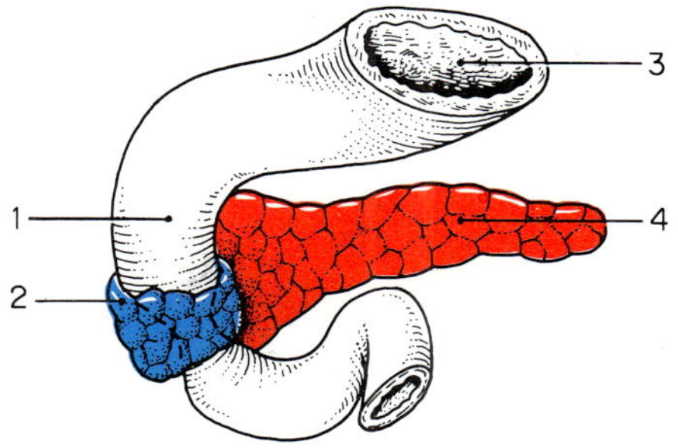

Pancréas annulaire
1 - Duodénum
2 - Pancréas ventral
3 - Estomac
4 - Pancréas dorsal

GÉNÉRALITÉ

SITUATION

Il est profondément situé dans la région épigastrique, en avant de L1 et L2, entre le duodénum et la rate, en arrière de l'estomac.

FORME

Allongé transversalement et étalé, il présente : une tête volumineuse, un corps et une queue. De la partie inféro-gauche de la tête se détache le *processus unciné* qui délimite avec le reste de la tête, l'*incisure pancréatique.*

DIRECTION

Presque horizontal, il se dirige légèrement en haut et à gauche, s'incurvant contre la saillie de la colonne lombaire.

ASPECT — COHÉSION

De couleur chair, il est blanc rosé, de consistance ferme et d'aspect granuleux. Le pancréas se déchire facilement.

MESURES

Il mesure environ :
- 15 cm de longueur ;
- 7 cm dans sa plus grande largeur ;
- et 2 cm d'épaisseur.

Il pèse environ 80 gr.

MOYENS DE FIXITÉ

Le pancréas est solidaire du duodénum dans lequel il est enclavé. Il est fixé à la paroi dorsale par le mésoduodénum rétropancréatique.
La queue est la seule partie qui peut être mobilisée.

RAPPORTS

Le pancréas est un organe rétropéritonéal.

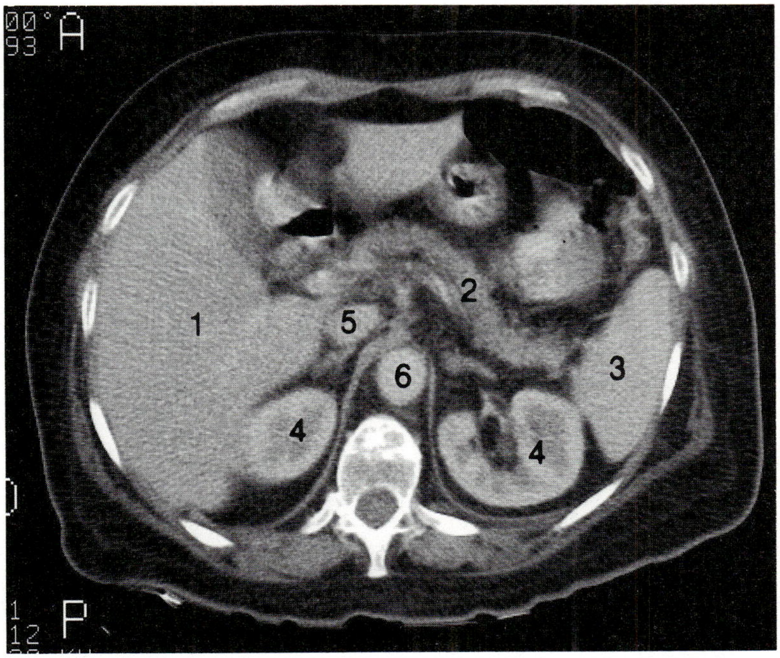

Tomodensitométrie passant par L2
1 - Foie
2 - Pancréas
3 - Rate
4 - Reins
5 - V.C.I.
6 - Aorte

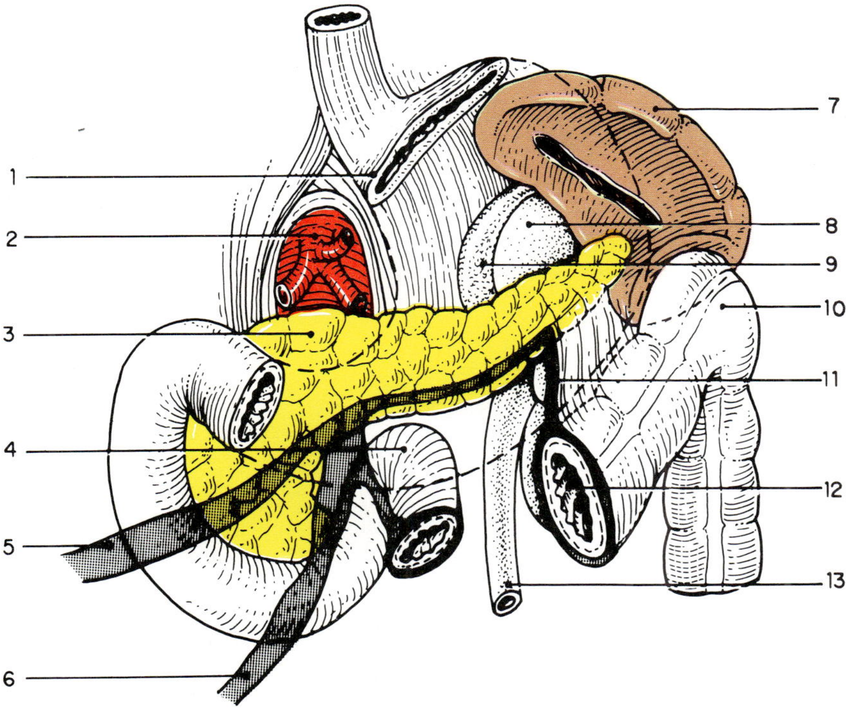

Rapports postérieurs de l'estomac (vue antérieure)
1 - Estomac
2 - Tronc cœliaque
3 - Pancréas
4 - Angle duodéno-jéjunal
5 - Racine du mésocôlon transverse
6 - Racine du mésentère
7 - Rate
8 - Rein gauche
9 - Surrénale gauche
10 - Angle colique gauche
11 - Mésocôlon transverse
12 - Côlon transverse
13 - Uretère gauche

LA TÊTE

Solidaire du duodénum qui la cerne, elle est aplatie avec deux faces antérieure et postérieure.

1. La face antérieure

Recouverte du péritoine, sauf au niveau de l'insertion du mésocôlon transverse qui la croise. La partie supra-mésocolique répond au récessus inférieur de la bourse omentale. La partie infra-mésocolique répond aux anses jéjunales. Les vaisseaux mésentériques supérieurs surcroisent le processus uncinatus.

2. La face postérieure

Elle est en rapport avec :

- Les artères pancréatico-duodénales postérieures et le conduit cholédoque.

Ainsi un cancer de la tête du pancréas entraînant une compression du conduit cholédoque et suivie d'une rétention biliaire, se traduit par un ictère progressif. La présence de cette grosse vésicule est le signe de Courvoisier-Terrier.

- Puis, les vaisseaux rénaux droits, la v. cave inférieure et l'aorte.

LE CORPS

Prismatique triangulaire à la coupe, il présente trois faces, antérieure, postérieure et inférieure, et trois bords supérieur, antérieur et inférieur. Il est supra-méso-colique.

1. La face antérieure

Recouverte du péritoine, elle est séparée de la face postérieure de l'estomac par la bourse omentale.

2. La face postérieure

Accolée à la paroi dorsale par le méso-duodénum, elle est en contact avec :

- l'aorte et l'origine de l'a. mésentérique supérieure ;
- le pilier gauche du diaphragme ;
- la veine splénique.

Elle est séparée de la surrénale, du rein gauche et de ses vaisseaux par la graisse pararénale.

3. La face inférieure

Elle repose sur le mésocôlon transverse qui la sépare de l'angle duodénal-jéjunal et des anses jéjunales.

4. Le bord supérieur

Il est marqué par le *tubercule omental* qui saille dans la bourse omentale;
Il répond au tronc cœliaque ; il est longé à droite par l'a. hépatique commune et à gauche par l'a. splénique.

5. Le bord antérieur

Il répond à la séparation des deux feuillets du mésocôlon transverse.

6. Le bord inférieur

Il répond à l'a. mésentérique inférieure.

LA QUEUE

Étroite et aplatie, elle est contenue dans le ligament spléno-rénal. Il répond à la surface gastrique de la rate.

VASCULARISATION

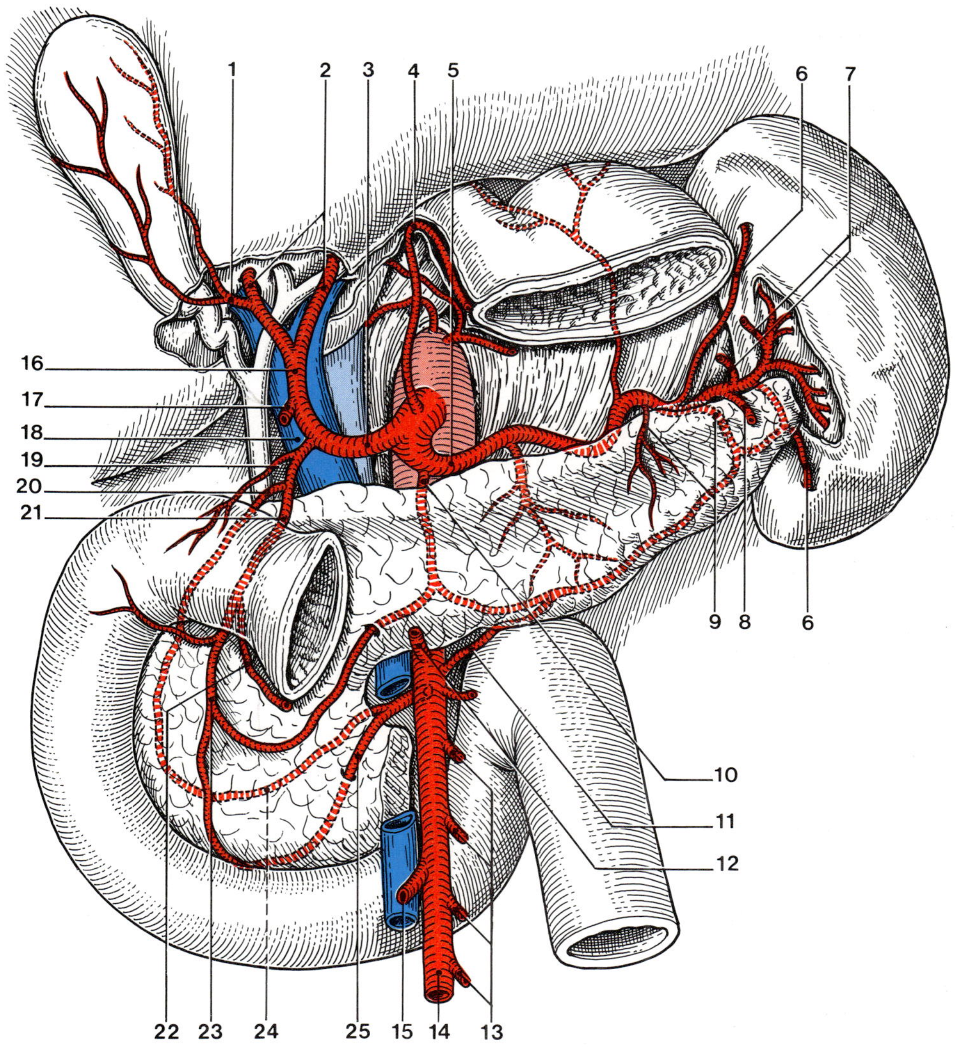

Tronc cœliaque et artères du pancréas

1 - A. cystique
2 - Rameaux hépatiques droit et gauche
3 - A. hépatique commune
4 - A. gastrique gauche
5 - A. liénale
6 - Aa. polaires supérieure et inférieure
7 - A. courte de l'estomac
8 - A. gastro-épiploïque gauche
9 - Aa. de la queue du pancréas
10 - A. pancréatique dorsale
11 - A. pancréatique inférieure
12 - A. colique moyenne
13 - Aa. iléales et jéjunales
14 - A. mésentérique supérieure
15 - A. colique droite
16 - A. hépatique propre
17 - A. gastrique droite
18 - V. porte
19 - A. supraduodénale
20 - A. pancréatico-duodénale supéro-postérieure
21 - A. gastro-duodénale
22 - A. gastro-épiploïque droite
23 - A. pancréatico-duodénale supéro-antérieure
24 - A. pancréatico-duodénale inféro-postérieure
25 - A. pancréatico-duodénale inféro-antérieure

ARTÈRES

Elles proviennent des artères gastro-duodénale, mésentérique supérieure et splénique.

1. L'artère gastro-duodénale

Branche de l'a. hépatique commune, elle vascularise la tête du pancréas. Elle passe entre la tête du pancréas et la partie supérieure du duodénum.

a) Elle donne :

- *l'a. pancréatico-duodénale supéro-postérieure,* qui parcourt la face postérieure de la tête du pancréas, et s'anastomose avec l'a. pancréatico-duodénale inférieure.
- *l'a. supra-duodénale,* qui naît au-dessus du duodénum.
- *l'a. rétro-duodénale,* qui naît en arrière du duodénum.

b) Elle se termine en deux tranches :

- *l'a. gastro-omentale droite,* qui donne l'a. infra-duodénale, avant de rejoindre la grande courbure de l'estomac.
- *l'a. pancréatico-duodénale supéro-antérieure,* qui parcourt la face antérieure de la tête du pancréas, puis la contourne à droite pour s'anastomoser avec l'a. pancréatico-duodénale inférieure.

2. L'artère mésentérique supérieure

Elle vascularise le pancréas par deux artères, qui naissent de son bord gauche.

a) L'a. pancréatique inférieure côtoie le bord inférieure du corps et de la queue du pancréas, qu'elle vascularise.

b) L'a. pancréatico-duodénale inférieure vascularise la tête du pancréas.
Elle naît au niveau du processus unciné du pancréas, puis se dirige à droite, en arrière de l'a. mésentérique supérieure, pour s'anastomoser avec les aa. pancréatico-duodénales supéro-postérieure et supéro-antérieure. Elle donne l'artère de l'angle duodéno-jéjunal et la première artère jégunale.

3. L'artère splénique

Elle vascularise le corps et la queue du pancréas essentiellement.
Elle côtoie le bord supérieur du pancréas et donne successivement :

a) L'a. grande pancréatique [1]. Elle descend à la face postérieure de la tête du pancréas, et se divise en deux rameaux :

- un rameau droit qui se termine dans le processus unciné ;
- et un rameau gauche qui se dirige horizontalement vers la queue.

b) L'a. pancréatique dorsale. Elle descend sur la face postérieure du corps du pancréas.

c) Les artères de la queue du pancréas ; leur nombre est variable.

VEINES

Les veines pancréatiques se drainent dans le système porte, situé derrière le pancréas.

1. La v. pancréatico-duodénale supérieure naît de la face postérieure de la tête du pancréas.

---

1. Elle peut naître du tronc coelique ou de l'a. hépatique commune, ou de l'a. mésentérique supérieure.

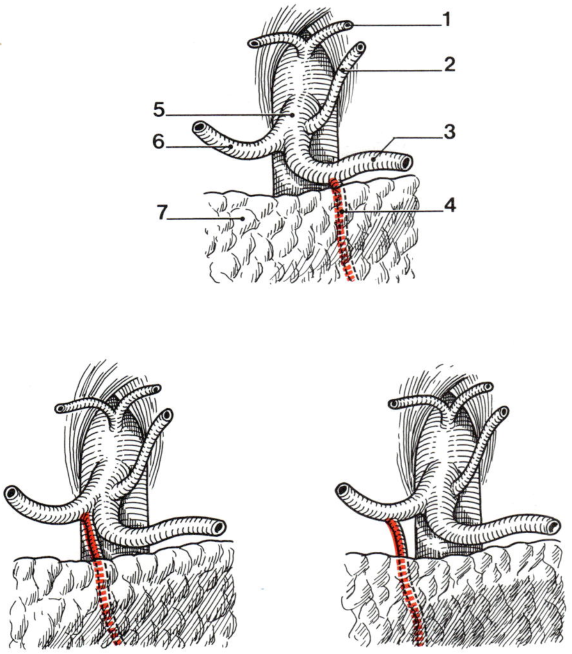

Artère pancréatique dorsale (variations d'origine)
1 - A. phrénique
2 - A. gastrique gauche
3 - A. liénale
4 - A. pancréatique dorsale
5 - Tronc cœliaque
6 - A. hépatique commune
7 - Pancréas

2. La v. pancréatico-duodénale inférieure.
Elle naît de la face antérieure de la tête du pancréas ; elle se draine dans la v. gastro-omentale droite, qui est un affluent de la v. mésentérique supérieure.

3. Les autres veines se drainent :
- dans la v. splénique
- dans la v. gastrique gauche,
- dans la v. mésentérique supérieure, soit directement, soit par l'intermédiaire de la v. pancréatique inférieure.

LYMPHATIQUES

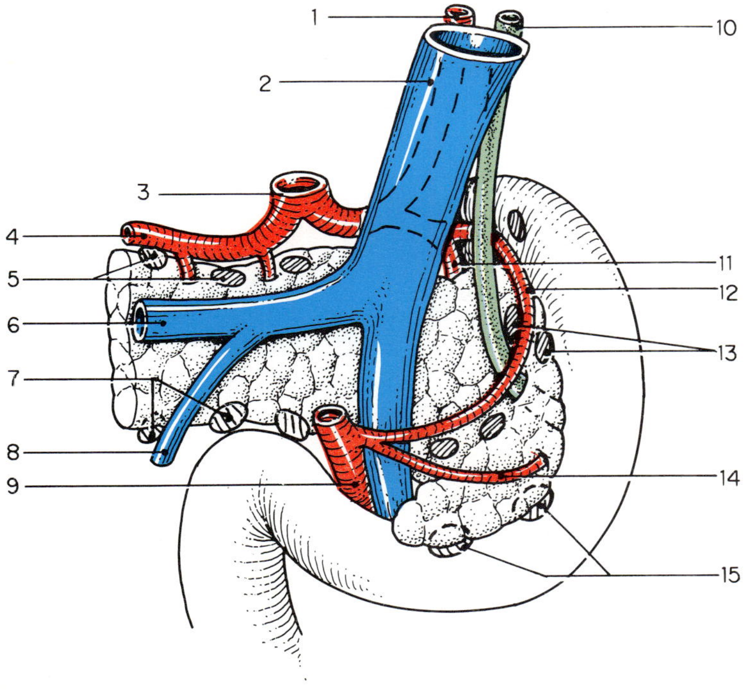

Tête du pancréas et duodénum.
(Vue postérieure schématique)
1 - A. hépatique propre
2 - V. porte
3 - Tronc cœliaque
4 - A. splénique
5 - Nœuds pancréatiques sup.
6 - V. splénique
7 - Nœuds pancréatiques inf.
8 - V. mésentérique inf.
9 - A. et v. mésentériques sup.
10 - Conduit cholédoque
11 - A. pancréatico-duodénale supéro-antérieure
12 - A. pancréatico-duodénale supéro-postérieure
13 - Nœuds pancréatico-duodénaux sup.
14 - A. pancréatico-duodénale inféro-postérieure
15 - Nœuds pancréatico-duodénaux inf.

Les vaisseaux lymphatiques pancréatiques se drainent dans :

1. Les nœuds spléniques, situés à l'extrémité de la queue du pancréas.

2. Les nœuds pancréatiques supérieurs et inférieurs, situés le long des bords supérieur et inférieur de la queue du pancréas.
Ils se drainent dans les nœuds spléniques et mésentériques supérieurs.

3. Les nœuds rétro et subpyloriques qui s'évacuent dans les nœuds cœliaques.

4. Les nœuds pancréatico-duodénaux, situés près des artères hononymes :

a) Les nœuds pancréatico-duodénaux supérieurs se drainent dans les nœuds supra-pyloriques.

b) Les nœuds pancréatico-duodénaux inférieurs se drainent dans les nœuds mésentériques supérieurs.

INNERVATION

Ils proviennent des plexus cœliaque et mésentérique supérieur. Ils véhiculent des fibres sympathiques et parasympathiques.
Le sympathique véhicule la sensiblité douloureuse.
Les douleurs pancréatiques sont si intenses qu'elles entraînent une position antalgique particulière : la position de la prière mahométane.
Les fibres sensitives venant du pancréas empruntent le trajet des nerfs splanchniques [1].

STRUCTURE

PARENCHYME

Il est constitué de l'association de deux tissus glandulaires, exocrine et endocrine.

1. Le pancréas exocrine, constitué par les acinis, sécrète un liquide alcalin et des enzymes digestives.
Chaque acini drainé par un ductule pancréatique, est formé essentiellement d'exocrinocytes et d'épithéliocytes centroacineux.

2. Le pancréas endocrine, formé par des îlots pancréatiques, produit les hormones pancréatiques, l'insuline, le glucagon et les polypeptides pancréatiques. Chaque îlot pancréatique est constitué d'endocrinocytes s'ordonnant autour d'artériole et de veinule.

CONDUIT PANCRÉATIQUE[1]

Il présente un trajet sinueux et draine les conduits interlobulaires.

1. La splanchnisectomie a été proposée pour soulager certaines algies pancréatiques.
2. Ancien. : canal de Wirsung.

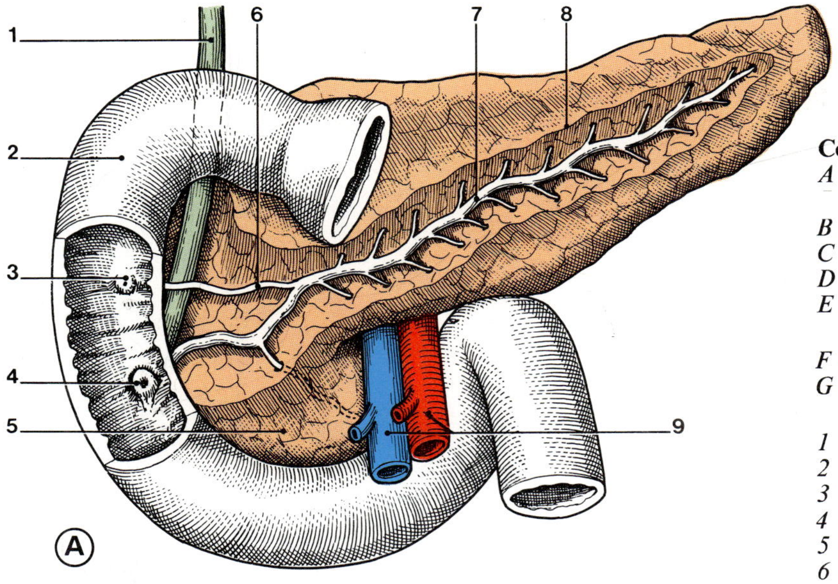

Conduit pancréatique

A - Distribution habituelle - Conduit pancréatique prédominant
B - trajet sinueux
C - Anastomose entre les conduits
D - Variations de trajet
E - Conduit pancréatique accessoire prédominant (5 %)
F - Conduits autonomes (5 %)
G - Absence de conduit pancréatique accessoire (21 à 44 %)
1 - Conduit cholédoque
2 - Duodénum
3 - Papille duodénale mineure
4 - Papille duodénale majeure
5 - Processus unciné
6 - Conduit pancréatique accessoire
7 - Conduit pancréatique
8 - Pancréas
9 - A. et v. mésentériques sup.

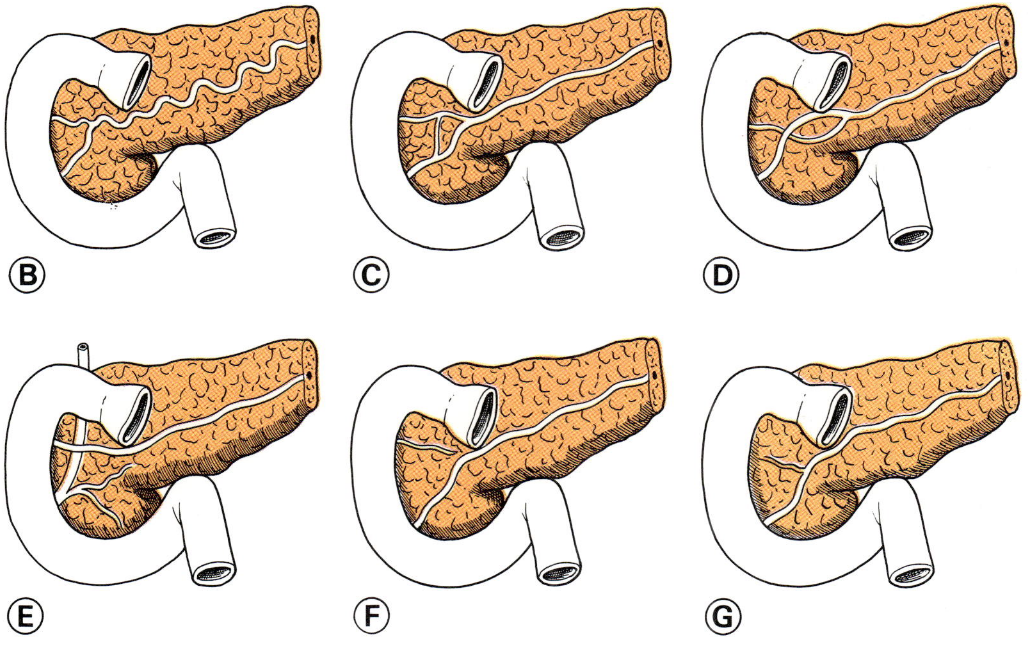

Le conduit pancréatique fusionne avec le canal cholédoque au niveau de l'ampoule hépato-pancréatique[1].
Il présente avant son abouchement un sphincter propre :
L'ampoule hépato-pancréatique s'abouche dans la partie descendante du duodénum. (v. duodénum).
Le conduit pancréatique accessoire[2] s'ouvre au niveau de la papille mineure située au-dessus de la papille majeure. Il peut être isolé ou anastomosé avec le conduit pancréatique.

1. Ancien. : ampoule de Vater.
2. Ancien. : canal de Santorini.

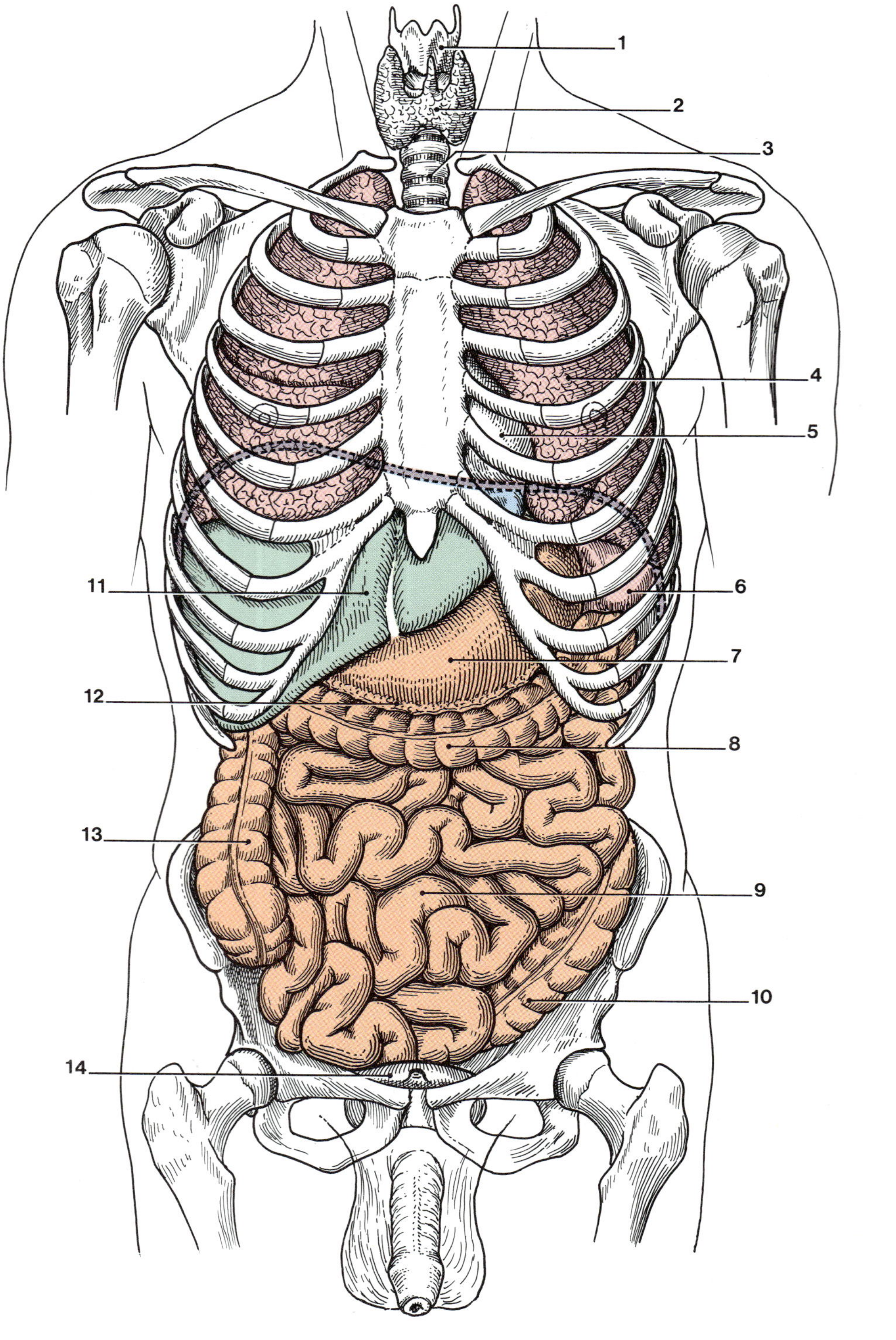

Viscères en place (vue antérieure)

1 - Cartilage thyroïde
2 - Glande thyroïde
3 - Trachée
4 - Poumon
5 - Cœur
6 - Rate
7 - Estomac
8 - Côlon transverse
9 - Jéjunum et iléum
10 - Côlon sigmoïde
11 - Foie
12 - Grand omentum réséqué
13 - Côlon ascendant
14 - Vessie

13

FOIE

Le foie est la plus volumineuse glande de l'organisme.
Il assure de nombreuses fonctions biologiques et sécrète la bile.
C'est un carrefour veineux : ombilico-cave chez le fœtus, porto-cave chez l'adulte.

Cet organe, indispensable à la vie, peut faire l'objet de transplantation totale ou partielle.

SOMMAIRE / MOTS-CLÉS

Organogenèse : *diverticule hépatique*

Généralités
Situation
Forme - Couleur
Mesures
Consistance - Cohésion

Configuration externe et rapports
Face diaphragmatique : *parties supérieure, antérieure, droite, postérieure*
Face viscérale : *lobe carré, fosse vésiculaire, processus caudé*
Extrémité gauche : *appendice fibreux*
Bord antérieur
Bord postérieur

Moyens de fixité : *ligaments falciforme et coronaire, petit omentum*

Vaisseaux et nerfs
Vaisseaux et nerfs du pédicule hépatique
Veines hépatiques
Vaisseaux et nerfs hépatiques accessoires

Structure

Segmentation hépatique
Fissures hépatiques
Segments hépatiques

ORGANOGENÈSE

Il se forme, au début de la 4e semaine, à partir d'une invagination de l'épithélium de la partie terminale du proentéron, le diverticule hépatique [1].

1. Le diverticule hépatique, situé dans le mésogastre ventral, prolifère dans le septum transversum.

- Sa partie crâniale rameuse constitue l'ébauche du parenchyme hépatique ; le septum transversum constituant le conjonctif hépatique.
- Sa partie caudale constitue le conduit hépato-pancréatique. Ce dernier donne le bourgeon pancréatique ventral et le conduit cholédoque qui émet ensuite le bourgeon cystique. Le bourgeon cystique donne la vésicule biliaire et le conduit cystique.

2. La partie du mésogastre ventral, comprise entre le foie et le septum transversum, donne le ligament falciforme. La partie située entre le foie et l'estomac devient le petit omentum.

GÉNÉRALITÉS

SITUATION

Situé sous le diaphragme, le foie occupe tout l'hypochondre droit et s'étend dans l'épigastre, et dans l'hypochondre gauche.
Chez le nouveau-né, il occupe les 2/5 de l'abdomen.

FORME - COULEUR

C'est un segment d'ovoïde à grand axe transversal et à grosse extrémité droite. Il est divisé en deux lobes droit et gauche par l'insertion du ligament falciforme, le lobe droit étant le plus volumineux.
Le foie est de couleur rouge brun.

MESURES

Il pèse 1 500 grammes en moyenne. Il contient en outre, chez l'adulte vivant, 800 à 900 grammes de sang. Il est plus petit chez la femme et relativement plus volumineux chez l'enfant.
Sa longueur est de 28 cm environ ; sa hauteur principale de 16 cm, et son épaisseur de 8 cm.

CONSISTANCE - COHÉSION

Le foie est ferme à la palpation et donne une matité à la percussion.
Sa faible cohésion explique la fréquence de ses ruptures lors des traumatismes.

---

1. Voir chapitre 8.

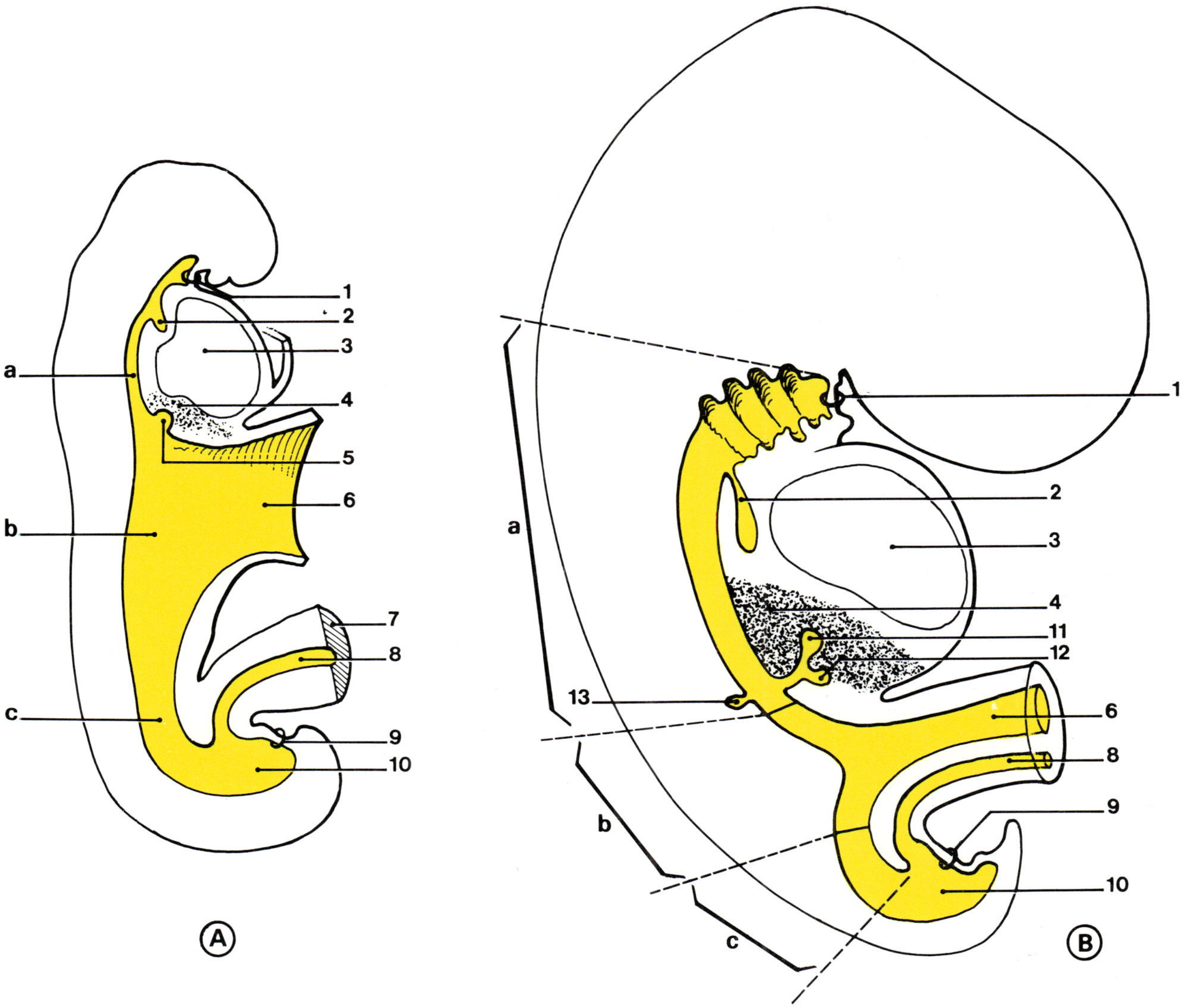

Développement de l'appareil digestif

A - *à 25 j.*
B - *à 5 s.*
a - *Proentéron*
b - *Mésentéron*
c - *Métentéron*
1 - *Membrane bucco-pharyngienne*
2 - *Bourgeon trachéal*
3 - *Cavité péricardique*
4 - *Septum transversum*
5 - *Diverticule hépatique*
6 - *Conduit vitellin*
7 - *Pédoncule de connexion*
8 - *Allantoïde*
9 - *Membrane cloacale*
10 - *Cloaque*
11 - *Conduit cholédoque*
12 - *Bourgeon pancréatique ventral*
13 - *Bourgeon pancréatique dorsal*

CONFIGURATION EXTERNE ET RAPPORTS

Le foie présente : deux faces, diaphragmatique et viscérale ; une extrémité gauche ; et deux bords, antérieur et postérieur.

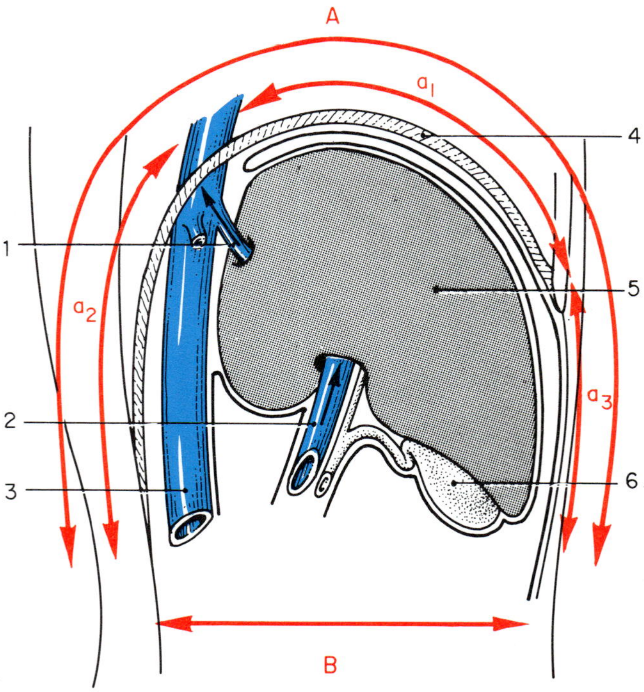

Faces du foie (coupe sagittale schématique)

A - Face diaphragmatique
- a1 - partie supérieure
- a2 - partie postérieure
- a3 - partie antérieure

B - Face viscérale
1 - V. hépatique
2 - V. porte
3 - V. cave inf.
4 - Diaphragme
5 - Foie
6 - Vésicule biliaire

FACE DIAPHRAGMATIQUE

Convexe et lisse, elle est en contact avec le diaphragme. On lui distingue quatre parties : antérieure, supérieure, droite et postérieure.
Les parties antérieure, supérieure et droite sont entièrement recouvertes de péritoine.
Les parties supérieure et antérieure sont divisées en lobes droit et gauche par l'insertion du ligament falciforme.

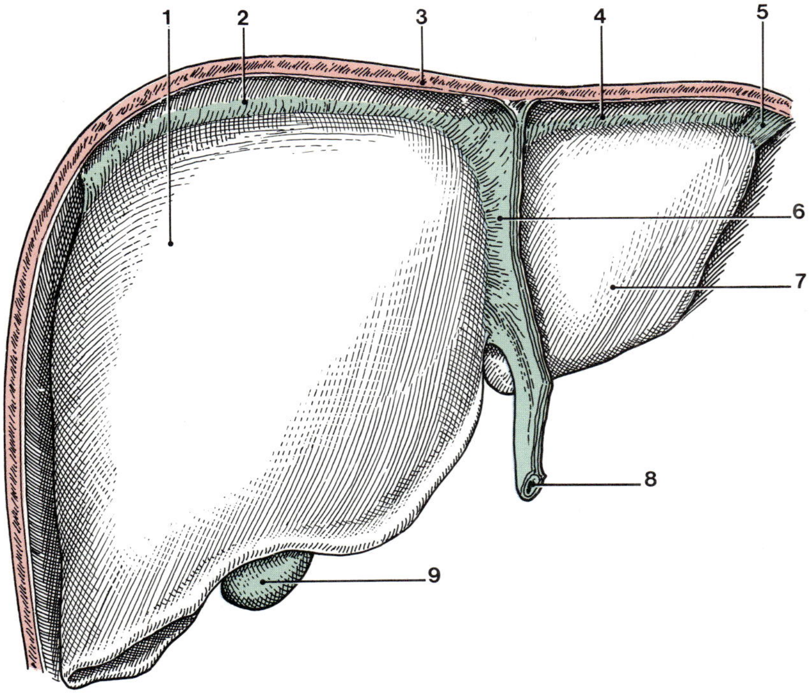

Foie : partie antérieure de la face diaphragmatique (vue antérieure)
1 - Lobe droit
2 - lig. triangulaire droit
3 - diaphragme
4 - Lig. triangulaire gauche
5 - Appendice fibreux
6 - Lig. falciforme
7 - Lobe gauche
8 - Lig. rond
9 - Vésicule biliaire

1. La partie supérieure présente dans sa partie moyenne une dépression peu marquée, l'empreinte cardiaque. Elle répond par le diaphragme à la plèvre, au poumon, au péricarde et aux ventricules.

2. La partie antérieure répond par le diaphragme à la plèvre et aux côtes 6 à 10. Une petite zone inférieure répond à la paroi abdominale antérieure.

3. La partie droite, fortement convexe, répond par le diaphragme au récessus pleural costo-diaphragmatique.

4. La partie postérieure présente une concavité médiane qui épouse la saillie de la colonne vertébrale. Une large zone dépéritonisée, *l'area nuda,* la fixe au diaphragme. L'area nuda est formée des ligaments triangulaires droit et gauche, du sillon de la veine cave inférieure et de la fissure du ligament veineux qui contient le reliquat du canal veineux[1].

- A droite du sillon de la veine cave et au-dessous du ligament triangulaire droit, se trouve l'empreinte surrénale droite.
- Entre le sillon de la veine cave et la fissure du ligament veineux se trouve le lobe caudé, qui répond au récessus supérieur de la bourse omentale.
- Au-dessous du ligament triangulaire gauche, le lobe gauche répond à l'œsophage abdominal (empreinte œsophagienne) et au fundus gastrique (empreinte gastrique).

1. Ancien. : canal d'Arantius.

FACE VISCÉRALE

Elle regarde en bas, en arrière et à gauche.

1. Elle est partagée par trois sillons :

a) Un sillon sagittal droit, qui correspond à la fosse de la vésicule biliaire, et dans sa partie postérieure à l'extrémité inférieure du sillon de la veine cave inférieure.

b) Un sillon sagittal gauche, qui correspond à la fissure du ligament rond et contient le vestige de la veine ombilicale gauche.

c) Un sillon transversal reliant les deux sillons sagittaux, qui constitue la *porte du foie*[1].

2. Le lobe carré est situé en avant de la porte du foie, entre la fosse de la vésicule biliaire et la fissure du ligament rond. Il répond à la partie supérieure du duodénum.

3. A droite de la fosse vésiculaire, on note d'avant en arrière, les empreintes colique et rénale droites et, plus médialement, l'empreinte duodénale.

4. A gauche de la fissure du ligament rond se trouve le lobe gauche du foie avec le *tubercule omental* et plus loin l'empreinte gastrique.

5. Le processus caudé, situé entre la porte du foie et le sillon de la veine cave, unit les lobes caudé et droit. Il forme le toit du foramen omental. Le processus papillaire, situé à gauche de la porte du foie, prolonge en bas le lobe caudé.

EXTRÉMITÉ GAUCHE

Étroit, il est parfois fixé au diaphragme par l'*appendice fibreux du foie.*

BORD ANTÉRIEUR

Oblique en bas et à droite. Il est aigu et marqué dans sa partie moyenne par l'incisure du ligament rond. Il déborde très peu du rebord costal.

BORD POSTÉRIEUR

Épais, il s'amincit de droite à gauche. Il répond au diaphragme et à la colonne vertébrale qui détermine une échancrure en rapport avec la veine cave inférieure, l'aorte et l'œsophage abdominal.
Il est longé par l'insertion inférieure du ligament coronaire.

1. Ou hile du foie.

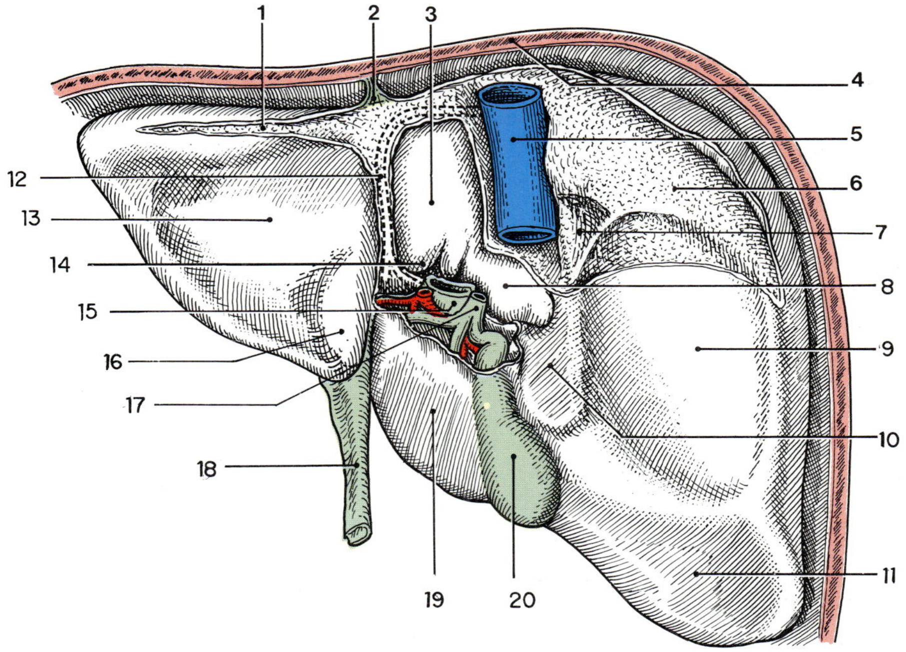

Foie (vue postéro-inférieure)

1 - Lig. triangulaire gauche
2 - Lig. falciforme
3 - Lobe caudé
4 - Diaphragme
5 - V. cave inf.
6 - Lig. triangulaire droit
7 - Empreinte surrénale
8 - Processus caudé
9 - Empreinte rénale
10 - Empreinte duodénale
11 - Empreinte colique
12 - Fosse du conduit veineux
13 - Empreinte gastrique
14 - Processus papillaire
15 - V. porte et a. hépatique
16 - Tubercule omental
17 - Conduit hépatique commun
18 - Lig. rond
19 - Lobe carré
20 - Vésicule biliaire

MOYENS DE FIXITÉ

Le foie est très bien fixé. Il est maintenu en place par la pression des viscères environnants.

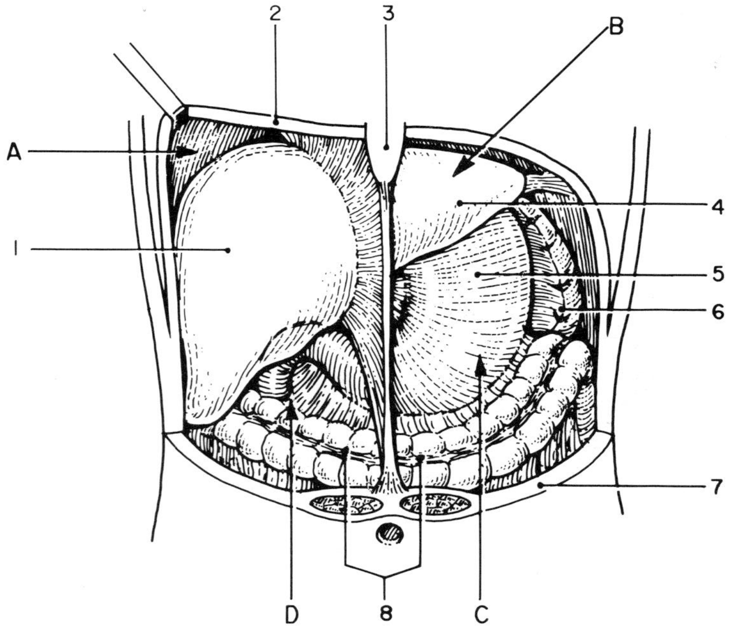

Récessus subhépatiques droit (D) et gauche (C) ; récessus subphréniques droit (A) et gauche (B)
1 - Lobe droit du foie
2 - Diaphragme
3 - Processus xiphoïde
4 - Lobe gauche du foie
5 - Estomac
6 - Rate
7 - Paroi abdominale ant.
8 - Côlon transverse

1. Il est fixé à la paroi abdominale postérieure et au diaphragme, dont il suit les mouvements respiratoires, par :

a) Le ligament falciforme : cloison verticale tendue du diaphragme au ligament rond. Il unit le foie à l'appendice xiphoïde et à l'ombilic. Il sépare les récessus subhépatiques droit et gauche.

b) Le ligament coronaire : il entoure la veine cave inférieure et présente deux prolongements latéraux : les ligaments triangulaires droit et gauche.

c) L'appendice fibreux du foie.

2. Il est solidarisé à la veine cave inférieure par les veines hépatiques.

3. Le petit omentum l'unit à l'estomac et à la partie supérieure du duodénum.

VAISSEAUX ET NERFS

Il forment trois groupes : les vaisseaux et nerfs du pédicule hépatique[1], les veines hépatiques, les vaisseaux et nerfs hépatiques accessoires.

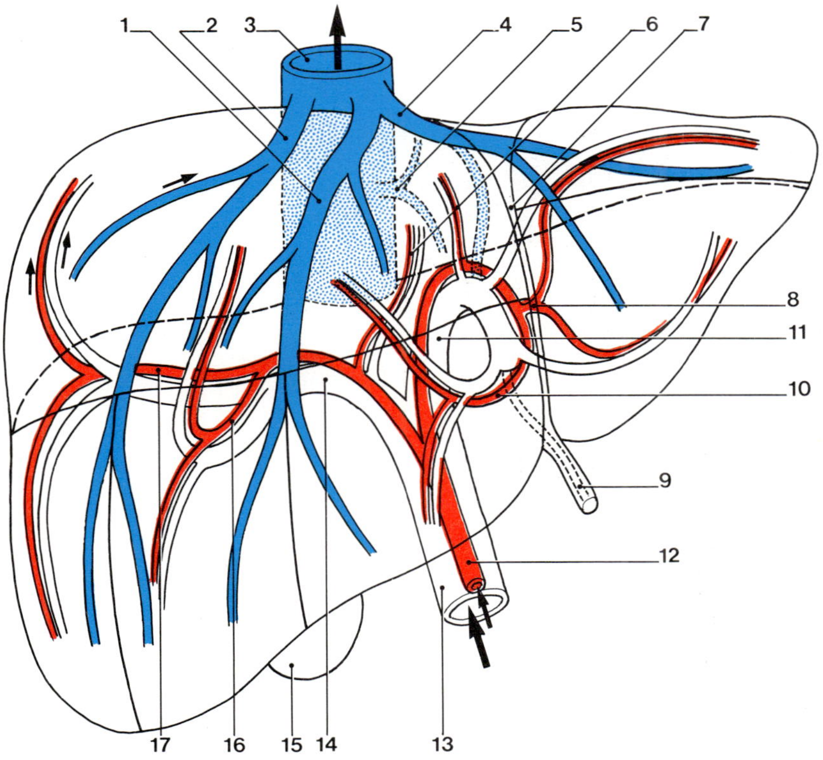

Artères et veines intra-hépatiques
1 - V. hépatique moyenne
2 - V. hépatique droite
3 - V. c. inférieure
4 - V. hépatique gauche
5 - V. hépatique accessoire
6 - Aa. du lobe caudé
7 - Fissure hépatique gauche
8 - A. du segment latéral
9 - Lig. rond
10 - A. du segment médial
11 - Rameau g. de la v. porte
12 - A. hépatique propre
13 - V. porte
14 - Rameau de la v. porte
15 - Vésicule biliaire
16 - A. du segment antérieur
17 - A. du segment postérieur

VAISSEAUX ET NERFS DU PÉDICULE HÉPATIQUE

Ils sont situés dans le ligament hépato-duodénal et pénètrent le foie par la porte du foie.

1. La veine porte

La veine porte est une veine afférente du foie. Elle se divise dans la porte du foie en deux branches principales pour les foies droit et gauche.

a) La branche droite donne deux veines segmentaires, antérieure et postérieure.

b) La branche gauche présente deux parties :

- une partie transverse qui donne les rameaux caudés ;
- une partie ombilicale qui se termine en avant par un cul-de-sac sur lequel se fixe le ligament rond. Près de son origine se fixe le ligament veineux. Elle donne les veines segmentaires latérales et médiales.

2. L'artère hépatique propre

Branche terminale de l'artère hépatique commune, elle chemine en avant de la veine porte et à gauche du conduit cholédoque. Elle se divise dans la porte du foie en deux branches qui suivent les branches de la veine porte.
Elle donne l'artère cystique et l'artère gastrique droite.

1. Le pédicule hépatique est l'ensemble des structures qui pénètrent le foie au niveau de la porte du foie.

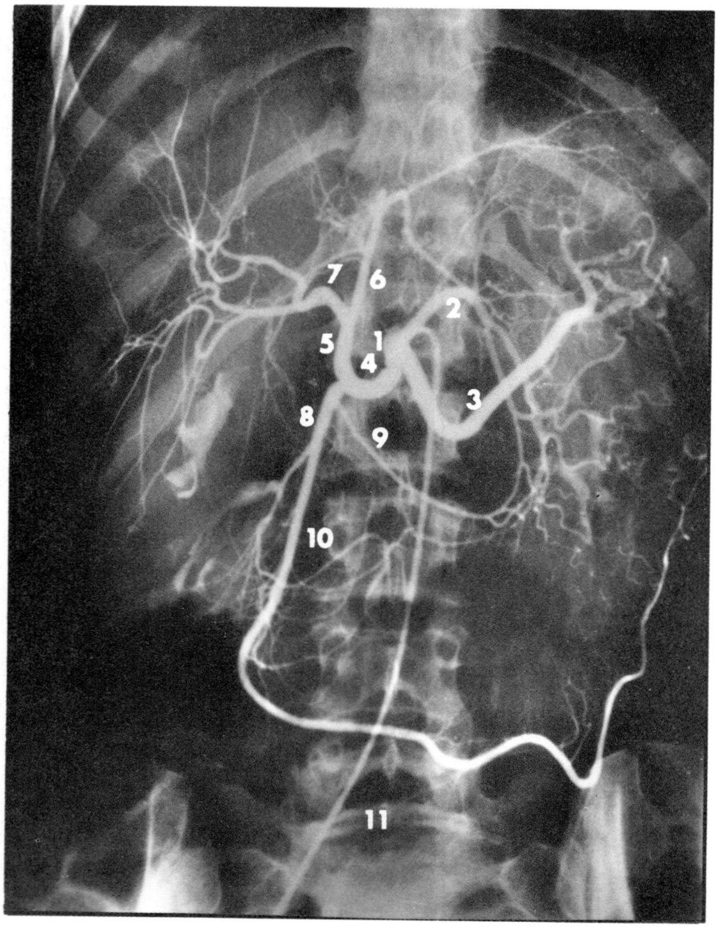

3. Les nœuds lymphatiques hépatiques
Situés le long de l'a. hépatique propre, ils se drainent dans les nœuds cœliaques.

4. Les nerfs hépatiques
Il proviennent du plexus hépatique qui accompagne l'artère hépatique propre et qui dérive du plexus cœliaque.

VEINES HÉPATIQUES

Elles drainent le sang du foie dans la veine cave inférieure. Elles sont au nombre de trois :
- la veine hépatique droite, située dans la fissure droite ;
- la veine hépatique moyenne, située dans la fissure principale ;
- la veine hépatique gauche, située dans la fissure gauche.

VAISSEAUX ET NERFS HÉPATIQUES ACCESSOIRES

1. Les artères hépatiques accessoires
Elles ont une origine très variable.

a) L'artère hépatique accessoire droite naît souvent de l'artère mésentérique supérieure et suit le bord droit du conduit cholédoque.
Aussi peut-elle être ligaturée par inadvertance avec le conduit cholédoque ou à la place de ce conduit.

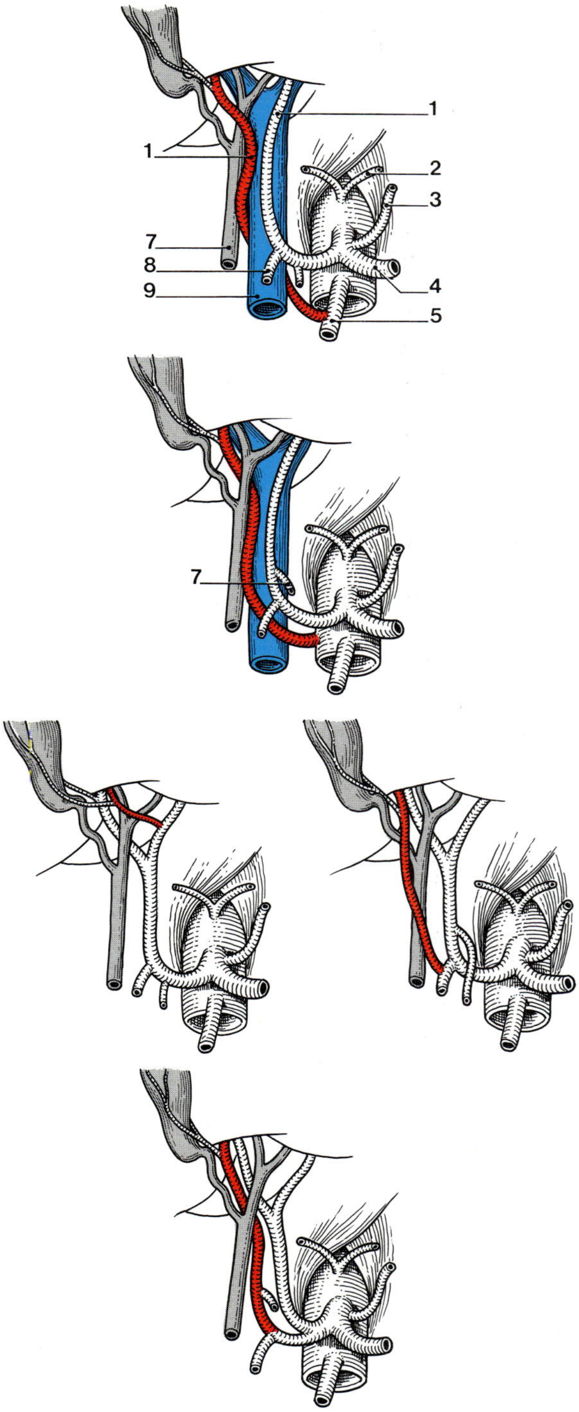

Variations des aa. hépatiques

1 - A. hépatique gauche
2 - A. phrénique inférieure
3 - A. gastrique gauche
4 - A. liénale
5 - A. mésentérique supérieure
6 - A. hépatique droite
7 - Conduit cholédoque
8 - A. gastro-duodénale
9 - V. porte
10 - A. gastrique droite

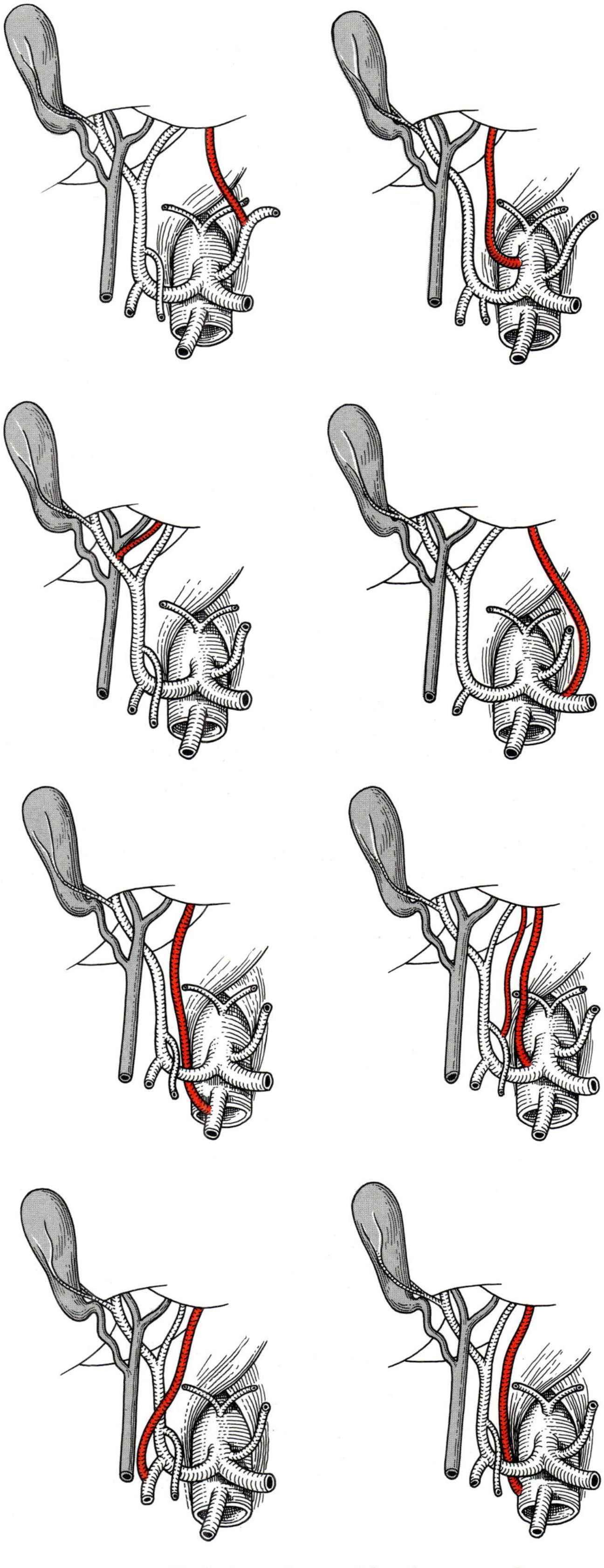

Variations des aa. hépatiques gauches

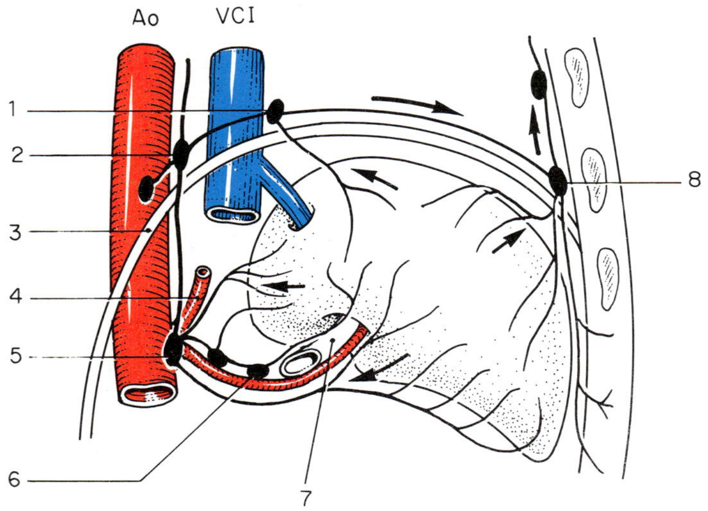

Lymphatiques du foie
(coupe sagittale schématique)
1 - Nœuds médiastinaux antérieurs
2 - Nœuds médiastinaux postérieurs
3 - Diaphragme
4 - A. gastrique gauche
5 - Nœuds cœliaques
6 - A. hépatique
7 - V. porte
8 - Nœuds parasternaux

b) L'artère hépatique accessoire gauche naît souvent de l'artère gastrique gauche et aborde le lobe gauche du foie.

2. Les veines hépatiques accessoires
Situées en dessous des veines hépatiques, elles drainent les lobes caudé et droit dans la veine cave inférieure.

3. Les voies lymphatiques accessoires se rendent aux nœuds lymphatiques parasternaux et médiastinaux antérieurs et postérieurs.

4. Les nerfs hépatiques accessoires comprennent : le plexus des aa. hépatiques accessoires et le rameau hépatique du n. vague gauche.
La richesse veineuse et lymphatique du foie fait de cet organe le siège de métastases cancéreuses d'origines digestive, thoracique et mammaire.

STRUCTURE

Le foie est recouvert partiellement d'une tunique séreuse, et totalement d'une tunique fibreuse. Il est constitué :

1. d'un stroma conjonctif lâche séparant les lobules et formant l'enveloppe des canaux portaux ;

2. et d'un parenchyme constitué de lamelles hépatiques formées d'une seule couche, d'*hépatocytes*. Ces lamelles anastomosées entre elles ont une disposition radiaire autour d'une veine centrale. Entre les lamelles se situent les vaisseaux sinusoïdes et les canalicules bilifères. Chaque lobule est polyédrique.
A la jonction de trois lobules hépatiques se trouve un *canal portal*. Chaque canal portal contient une artère et une veine interlobulaire, un conduit bilifère interlobulaire, des vaisseaux lymphatiques et des neurofibres amyélinisées.

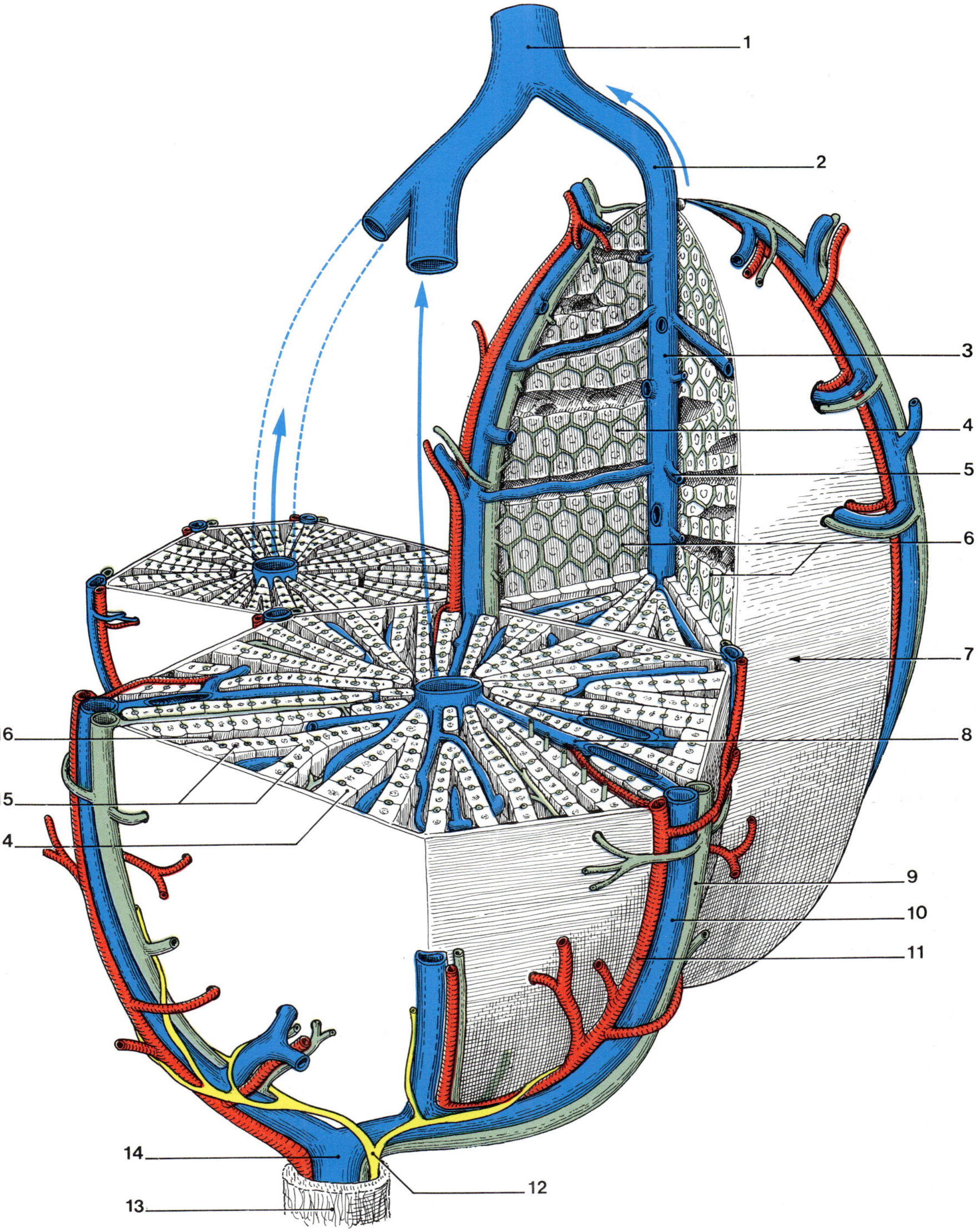

Structure du tissu hépatique

1 - Rameau d'une v. hépatique
2 - V. sublobulaire
3 - V. centrale
4 - Hépatocyte d'une lame hépatique
5 - V. sinusoïde sectionnée
6 - Canalicules biliaires
7 - Lobule hépatique
8 - V. Sinusoïde
9 - Ductule biliaire
10 - V. Interlobulaire
11 - A. interlobulaire
12 - V. lymphatique
13 - Tissu conjonctif
14 - Rameau de la veine porte
15 - Lame hépatique
16 - Espace périsinusoïdien

SEGMENTATION HÉPATIQUE

Elle a fait l'objet de nombreux travaux (notamment Elias et Petty 1952, Healey et Schroy 1953, Couinaud 1954).

FISSURES HÉPATIQUES

Le foie est partagé par des fissures dans lesquelles cheminent les veines hépatiques.

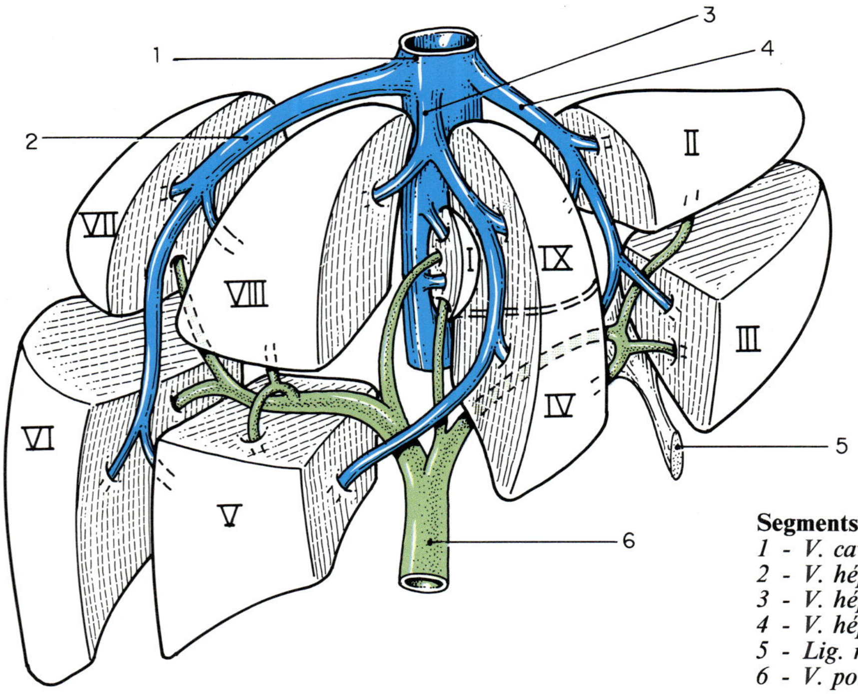

Segments hépatiques éclatés
1 - V. cave inf.
2 - V. hépatique droite
3 - V. hépatique moyenne
4 - V. hépatique gauche
5 - Lig. rond du foie
6 - V. porte

1. La fissure principale part du bord gauche de la veine cave inférieure et passe au milieu de la fosse de la vésicule biliaire. Elle partage le foie en « foie droit » et « foie gauche » (division différente des lobes droit et gauche de l'anatomie classique).

2. La fissure droite passe à droite du bord droit de la veine cave inférieure.

3. La fissure gauche passe au niveau du ligament rond. Elle partage le foie en lobes droit et gauche.

SEGMENTS HÉPATIQUES

La veine porte, l'artère hépatique et le conduit hépatique commun se divisent dans la porte hépatique en deux pédicules, droit et gauche, dont les éléments restent solidaires. Leur division ultérieure reste similaire.

1. Les pédicules droit et gauche vascularisent respectivement le foie droit et le foie gauche.

- *Le foie droit* est divisé en segments antérieur et postérieur par la fissure droite.

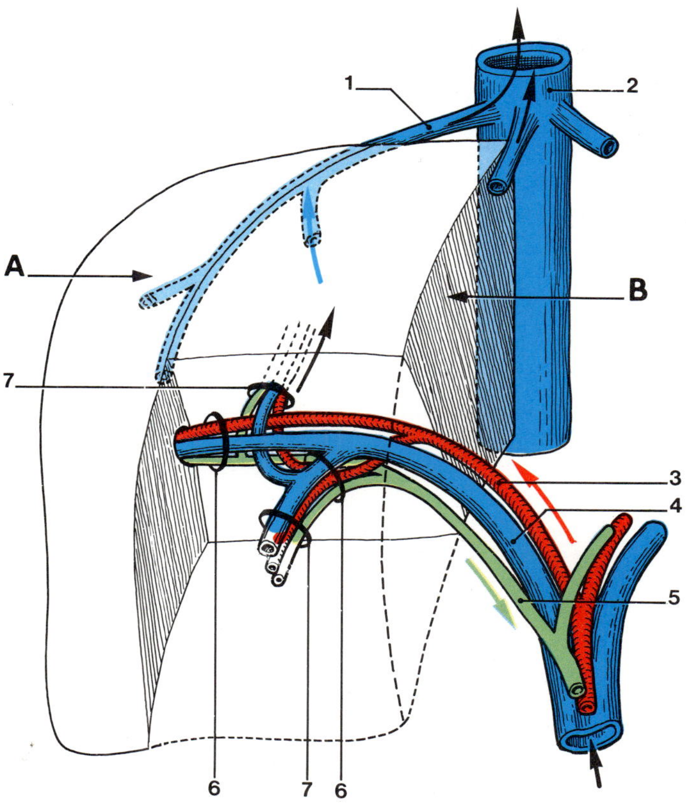

Segment et secteur hépatiques (schématique)
A - Segment
B - Secteur
1 - V. hépatique
2 - V. cave inf.
3 - R. de l'a. hépatique
4 - R. de la v. porte
5 - Conduit hépatique
6 - Conduits de première division
7 - Conduits de deuxième division

- *Le foie gauche* est divisé en segments médial et latéral par la fissure gauche.
- *Chaque segment* est subdivisé en secteurs ou aires[1] dont l'isolement chirurgical est plus difficile.
- *Chaque secteur* reçoit une branche de la veine porte, une branche de l'artère hépatique et un conduit bilifère propre.

Les différents secteurs se drainent dans les veines hépatiques adjacentes[1].

La chirurgie hépatique moderne est basée sur la segmentation que nous venons de voir, le chirurgien pouvant, suivant les cas, réaliser une segmentectomie ou une exérèse uni ou plurisectorielle.

2. Le lobe caudé constitue un segment autonome ou segment I qu'on subdivise en secteur I droit et I gauche.

3. Le segment latéral gauche se subdivise en :
— secteur supéro-latéral ou secteur II ;
— et secteur inféro-latéral ou secteur III.

4. Le segment médial gauche se subdivise en :
— secteur IV ou inféro-médial qui n'est autre que le lobe carré ;
— et secteur IX ou supéro-médial[2].

1. Il existe d'ailleurs une segmentation « sus-hépatique » du foie (également établie par Couinaud) différente mais complémentaire de la segmentation « portale » telle que nous venons de la rappeler.
2. Ce secteur n'existe pas dans la classification établie par Couinaud.

5. Le segment antérieur droit se subdivise en :
— secteur V ou inféro-antérieur ;
— et secteur VIII ou supéro-antérieur.

6. Le segment postérieur droit se subdivise en :
— secteur VII ou supéro-postérieur ;
— secteur VI ou inféro-postérieur.

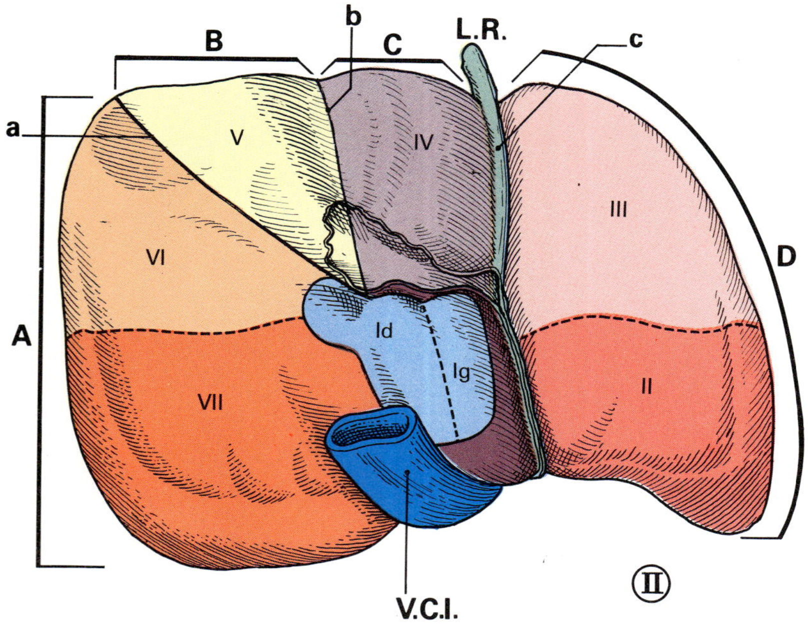

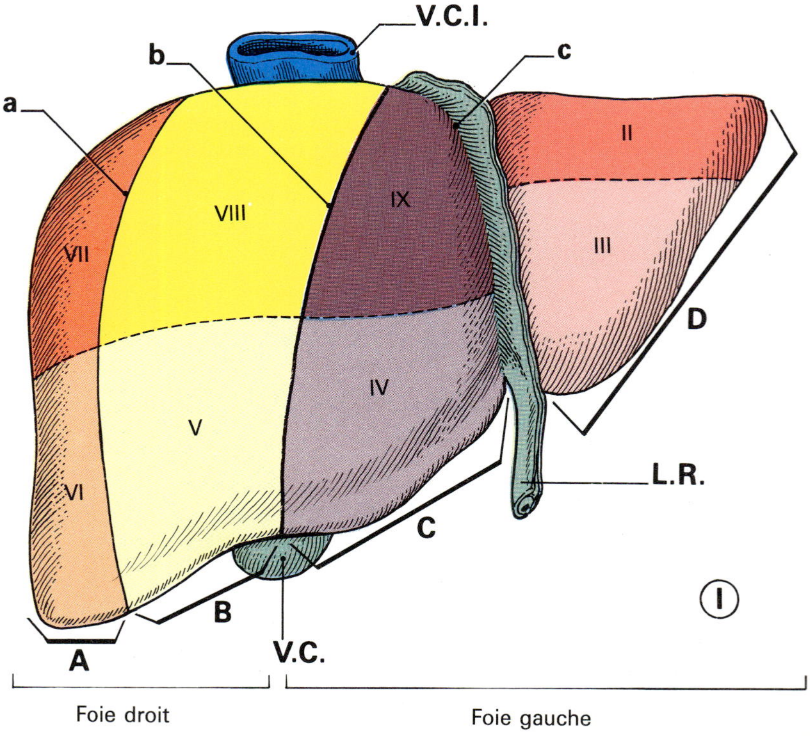

Segments et secteurs hépatiques
1 - *Vue antérieure*
2 - Vue inférieure
V.C.I : v. cave inf.
L.R. : lig. rond
V.B. : vésicule biliaire
a - Fissure droite
B - Fissure principale
c - Fissure gauche
A - Segment post.
B - Segment ant.
C - Segment médial
D - Segment latéral
Id - Secteur droit du lobe caudé
Ig - Secteur gauche du lobe caudé
II - Secteur latéral sup.
III - Secteur latéral inf.
IV - Secteur médio-inf.
V - Secteur antéro-inf.
VI - Secteur postéro-inf.
VII - Secteur postéro-sup.
VIII - Secteur antéro-sup.
IX - Secteur médio-sup.

14

APPAREIL EXCRÉTEUR DE LA BILE

L'appareil excréteur de la bile draine la bile sécrétée par le foie dans le duodénum. Il est constitué d'un réservoir, la vésicule biliaire et de conduits biliaires, le conduit hépatique commun, le conduit cystique et le conduit cholédoque.

Il est exploré par la cholécystographie, la cholangiographie ou l'échotomographie.
Il est fréquemment le siège de calculs et d'atteintes infectieuses.

SOMMAIRE / MOTS-CLÉS

ANATOMIE DE SURFACE

Le fundus de la vésicule biliaire est situé en regard de la jonction entre le rebord costal droit et le bord latéral du m. droit de l'abdomen. L'abouchement du cholédoque se projette à mi-distance entre le point vésiculaire et l'ombilic.

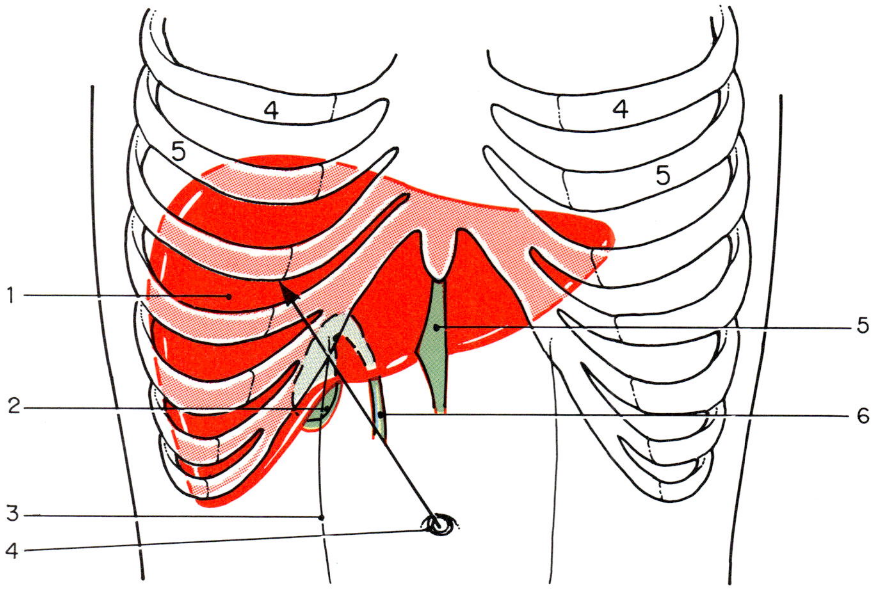

Foie et appareil excréteur de la bile.
Anatomie de surface
1 - Foie
2 - Vésicule biliaire
3 - Bord latéral du m. droit de l'abdomen
4 - Ombilic
5 - Lig. falciforme
6 - Conduit cholédoque

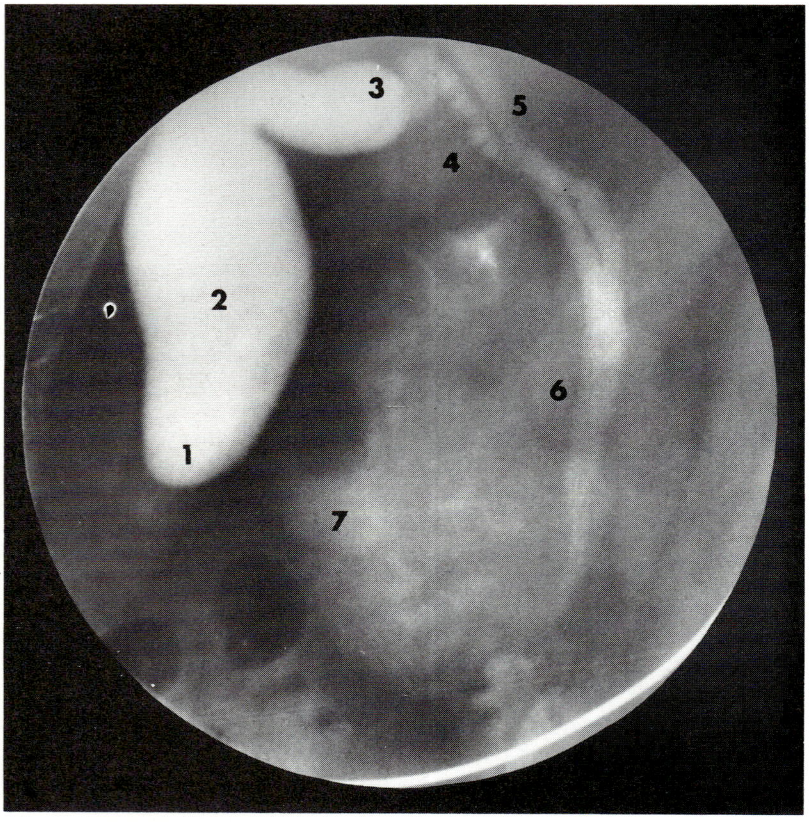

Voies biliaires *(radiographie)*
(cliché Dr Ph. Chartier)
1 - Fundus de la vésicule biliaire
2 - Corps de la vésicule biliaire
3 - Col de la vésicule biliaire
4 - Conduit cystique
5 - Conduit hépatique commun
6 - Conduit cholédoque
7 - Duodénum

VÉSICULE BILIAIRE

La vésicule biliaire est un réservoir en dérivation sur les conduits biliaires et dans lequel s'accumule et se concentre la bile en dehors de la digestion.

FORME - DIMENSIONS

Elle est piriforme avec un fundus, un corps et un col.
Elle est gris-bleutée et mesure 7 à 10 cm de longueur et 3 cm de largeur. Sa capacité moyenne est de 50 ml.

RAPPORTS

Elle est située contre la face viscérale du foie, dans la fosse vésiculaire. Elle est recouverte du péritoine et adhère au foie par du tissu conjonctif; elle peut être maintenue par un *ligament hépato-vésiculaire.*

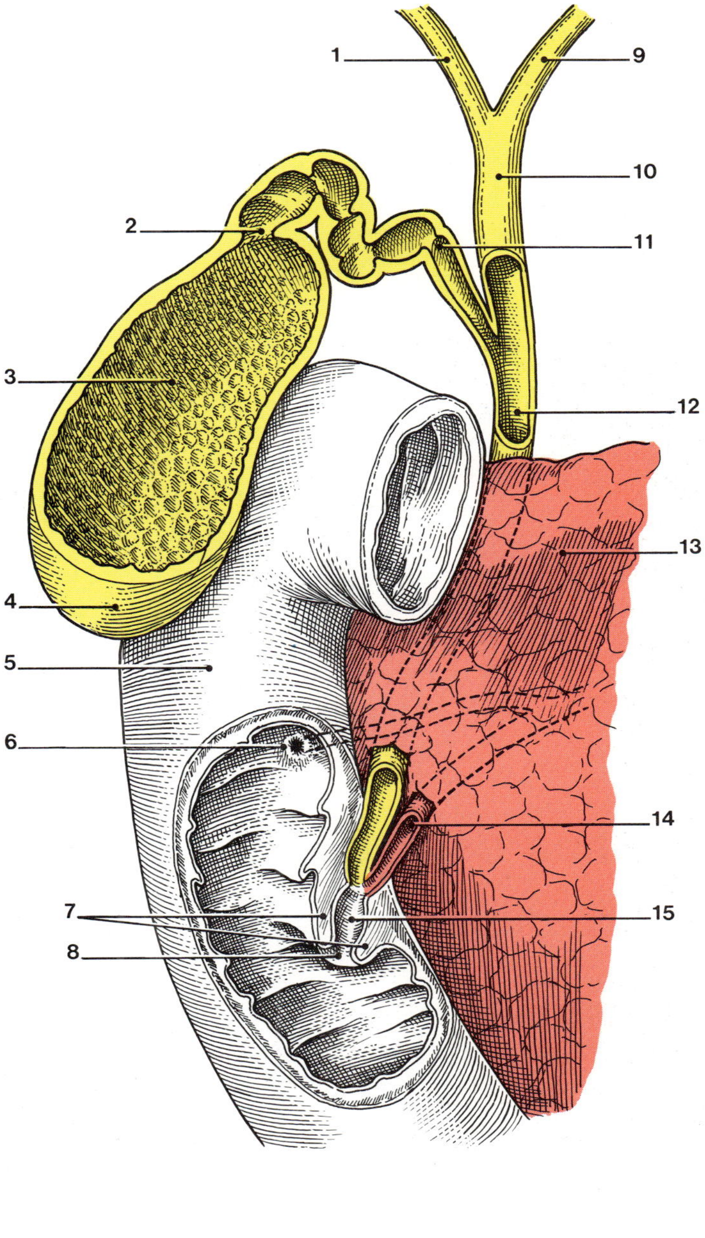

Vésicule biliaire et voies biliaires

1 - *Conduit hépatique droit*
2 - *Col de la vésicule biliaire*
3 - *Corps de la vésicule biliaire*
4 - *Fundus de la vésicule biliaire*
5 - *Partie descendante du duodénum*
6 - *Papille duodénale mineure*
7 - *Plis longitudinaux du duodénum*
8 - *Papille duodénale majeure*
9 - *Conduit hépatique gauche*
10 - *Conduit hépatique commun*
11 - *Conduit cystique*
12 - *Conduit cholédoque*
13 - *Pancréas*
14 - *Conduit pancréatique*
15 - *Ampoule hépato-pancréatique*

1. Le fundus déborde le bord antérieur du foie et est en contact avec la paroi abdominale antérieure. Il répond en arrière à l'angle colique droit.
C'est dans le fundus que s'accumulent les calculs biliaires.

2. Le corps est oblique en arrière, en haut et à gauche. Sa face inférieure répond au côlon transverse et à l'angle duodénal supérieur.

3. Le col, contourné en S italique, est uni au foie par le ligament hépato-vésiculaire dans lequel se trouve l'a. cystique.

CONDUIT CYSTIQUE

Il fait suite au col de la vésicule biliaire. Il est long de 4 cm, avec un calibre de 4 mm. Il descend le long du bord droit du conduit hépatique commun avant de fusionner avec lui. Sa paroi interne présente un pli muqueux contourné en rapport avec les sillons superficiels, le *pli spiral*[1].

CONDUIT HÉPATIQUE COMMUN

Il est constitué de la fusion, dans la porte du foie, des conduits hépatiques droit et gauche qui drainent chacun une moitié du foie. Il est long de 3 à 4 cm, avec un calibre de 5 mm. Il descend devant la v. porte, entre l'a. hépatique propre à gauche et le conduit cystique à droite.

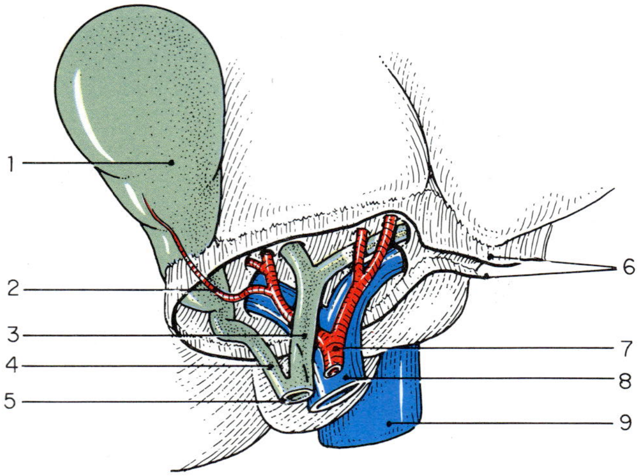

Porte du foie
1 - Vésicule biliaire
2 - A. cystique
3 - Conduit hépatique
4 - Conduit cystique
5 - Conduit cholédoque
6 - Petit omentum
7 - A. hépatique
8 - V. porte
9 - V. cave inf.

CONDUIT CHOLEDOQUE

Constitué de la fusion des conduits cystique et hépatique commun, il se termine dans la partie descendante du duodénum.

DIMENSIONS

Il est long de 7,5 cm (5 à 12 cm), avec un calibre de 6 mm.

1. Ancien. : valvule spirale de Heister.

TRAJET - RAPPORTS

Il descend en effectuant une légère courbure concave à droite. Il est successivement :

- dans le ligament hépato-duodénal (partie intraligamentaire) ;
- derrière la partie supérieure du duodénum (partie rétro-duodénale) ;
- derrière la tête du pancréas (partie rétro-pancréatique).

Il se termine, soit en fusionnant avec le conduit pancréatique pour former l'*ampoule hépato-pancréatique*[1], soit directement au niveau de la papille majeure (50 % des cas).

1. La partie intra-ligamentaire

Le conduit cholédoque est situé dans le bord libre du petit omentum.

a) En avant de la v. porte,

b) A droite des aa. hépatique propre et gastrique droite, du plexus hépatique et des nœuds lymphatiques hépatiques.

Cette partie est palpable au cours des interventions en introduisant l'index dans le foramen omental.

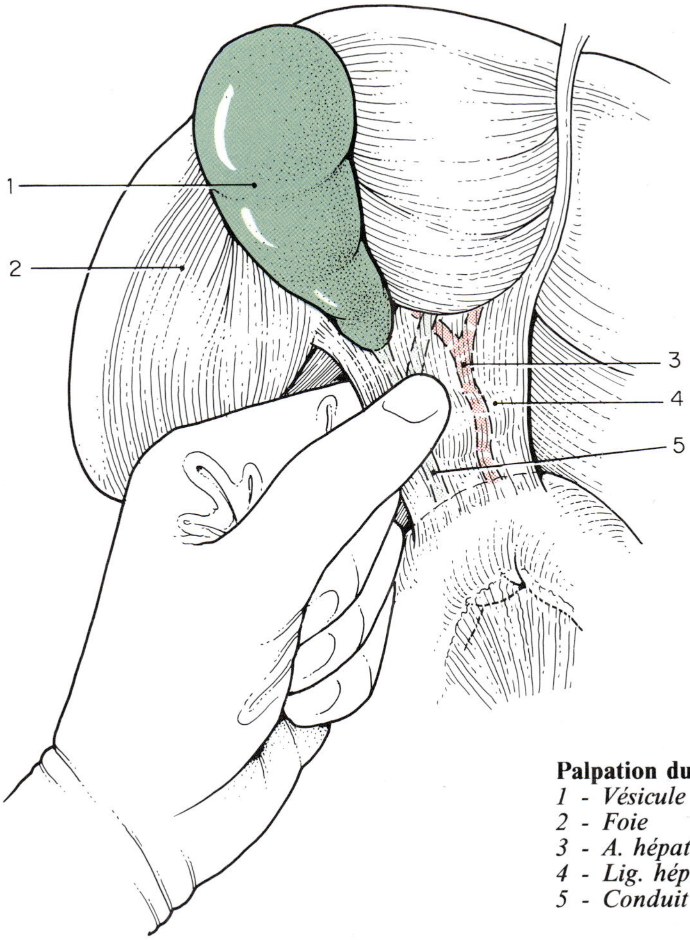

Palpation du pédicule hépatique
1 - Vésicule biliaire
2 - Foie
3 - A. hépatique propre
4 - Lig. hépato-duodénal
5 - Conduit cholédoque

1. Ancien. : ampoule de Vater.

2. La partie rétro-duédonale. Elle répond :

a) En avant, à l'a. pancréatico-duodénale supéro-postérieure et à la partie supérieure du duodénum dont elle est parfois séparée par une lame pancréatique.

b) A gauche, à l'a. gastro-duodénale et au nœud rétro-duodénal.

c) En arrière, à la v. porte.

3. La partie rétro-pancréatique
Elle parcourt la face postérieure de la tête du pancréas dans un sillon ou en le traversant. Elle répond :

a) en arrière, à la v. cave inférieure ;

b) à droite, à la partie descendante du duodénum, à l'a. et aux nœuds pancréatico-duodénaux supéro-postérieurs ;

c) à gauche, à la v. porte et au conduit pancréatique ;

d) en avant, à l'a. pancréatico-duodénale supéro-antérieure et au conduit pancréatique accessoire.

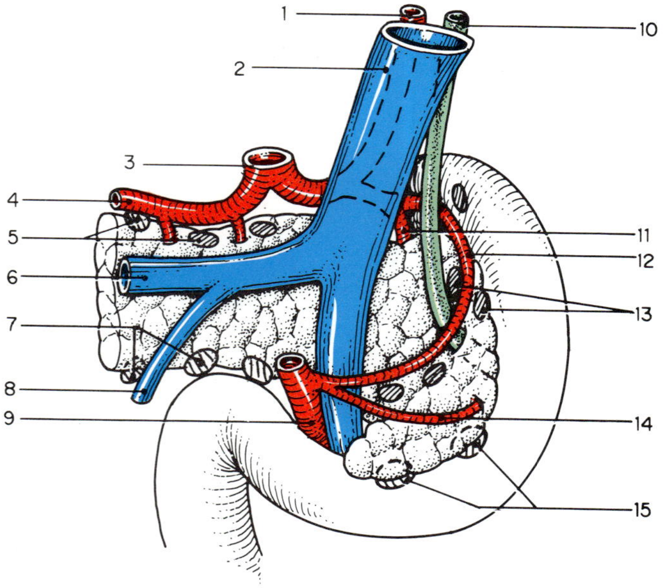

Tête du pancréas et duodénum.
Vue postérieure schématique.
1 - A. hépatique propre
2 - V. porte
3 - Tronc cœliaque
4 - A. splénique
5 - Nœuds panoréatiques sup.
6 - V. splénique
7 - Nœuds pancréatiques inf.
8 - V. mésentérique inf.
9 - A. et v. mésentériques sup.
10 - Conduit cholédoque
11 - A. pancréatico-duodénale supéro-antérieure
12 - A. pancréatico-duodénale supéro-postérieure
13 - Nœuds pancréatico-duodénaux sup.
14 - A. pancréatico-duodénale inféro-postérieure
15 - Nœuds pancréatico-duodénaux inf.

VASCULARISATION

ARTÈRES ET VEINES

1. L'a. cystique, branche de l'a. hépatique commune, vascularise la vésicule biliaire et le conduit cystique. Elle est très variable dans sa distribution.

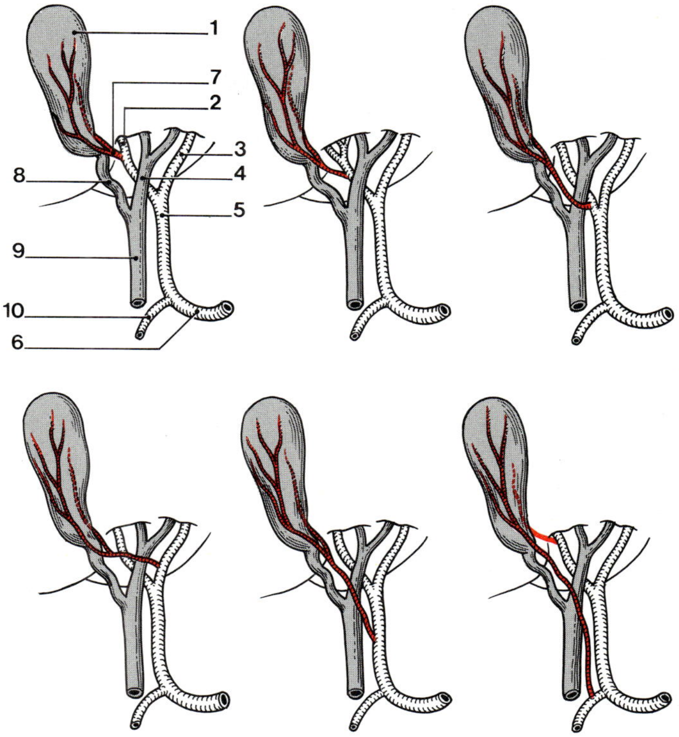

Artère cystique et ses variations principales
1 - Vésicule biliaire
2 - Rameau droit
3 - Rameau gauche
4 - Conduit hépatique commun
5 - A. hépatique propre
6 - A. hépatique commune
7 - A. cystique
8 - Conduit cystique
9 - Conduit cholédoque
10 - A. gastro-duodénale

Les **aa. hépatique propre** et **pancréatico-duodénale supéro-postérieure** vascularisent les conduits hépatique commun et cholédoque.

2. Les veines se drainent dans le système porte.

LYMPHATIQUES

Ils se rendent aux nœuds hépatiques et pancréatico-duodénaux supéro-postérieurs.

INNERVATION

Les nerfs proviennent du plexus cœliaque par l'intermédiaire du plexus hépatique.

L'existence d'anastomoses entre le nerf phrénique droit et le plexus cœliaque explique les douleurs de l'épaule droite dans les affections vésiculaires.

STRUCTURE

APPAREIL EXCRÉTEUR DE LA BILE. Il est constitué de trois tuniques :

1. La tunique séreuse, dérive du péritoine.

2. La tunique fibro-musculeuse est formée d'une couche externe de myofibres longitudinales et d'une couche interne de myofibres circulaires au niveau des conduits et obliques au niveau de la vésicule biliaire.

3. La tunique séreuse, marron jaunâtre, présente un épithélium cylindrique. Au niveau du conduit cystique, elle forme la valve spirale.

AMPOULE HÉPATO-PANCRÉATIQUE[1]

Elle bombe dans le duodénum et forme la papille majeure.
La muqueuse de l'ampoule et de la partie terminale des conduits forme des plis riches en fibres musculaires lisses. Ces plis sont des valves qui s'opposent au reflux du chyme dans l'ampoule et les conduits.

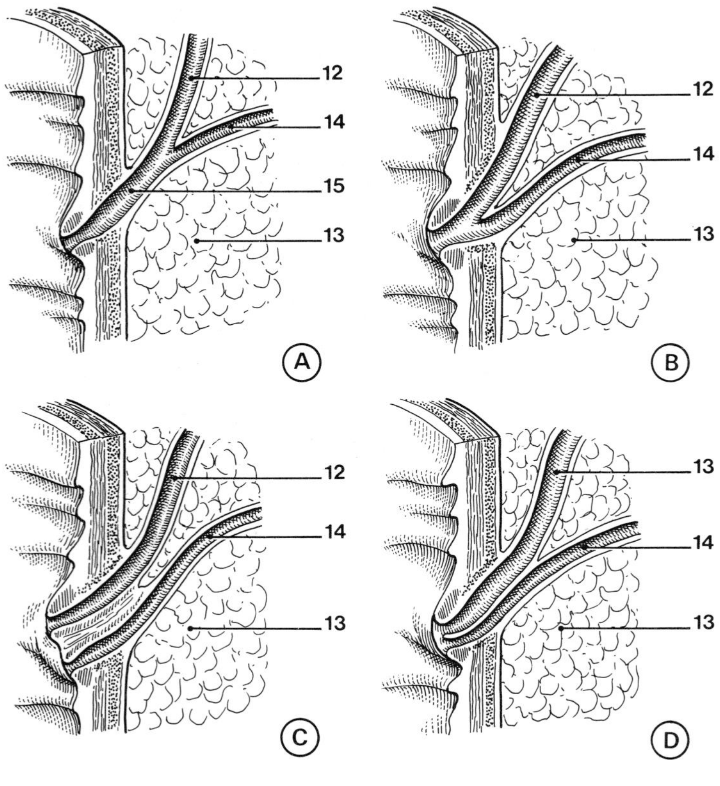

Ampoule hépato-pancréatique
1 - Conduit cholédoque
2 - Conduit pancréatique
3 - Ampoule hépato-pancréatique
4 - Pancréas
A - Conduit hépato-pancréatique long
B - Conduit hépato-pancréatique court
C - Absence de conduit et ampoule hépato-pancréatique
D - Conduit hépato-pancréatique cloisonné.

SPHINCTERS

De la couche musculaire interne, se différencient :
- *Le sphincter du conduit cholédoque,* à sa terminaison.
- *Le sphincter du conduit pancréatique,* à sa terminaison (20 % des cas).
- *Le sphincter hépato-pancréatique,* autour de l'ampoule hépato-pancréatique.

1. Ancien. : sphincter d'Oddi.

Ampoule hépato-pancréatique
(d'après Netter)
1 - Conduit cholédoque
2 - Pancréas
3 - Conduit pancréatique
4 - Sphincter du conduit pancréatique
5 - Sphincter de l'ampoule hépato-pancréatique
6 - Ampoule hépato-pancréatique
7 - Papille duodénale majeure
8 - Sphincter du conduit cholédoque
9 - Couche musculaire longitudinale
10 - Couche musculaire circulaire
11 - Plis circulaires
12 - Muqueuse

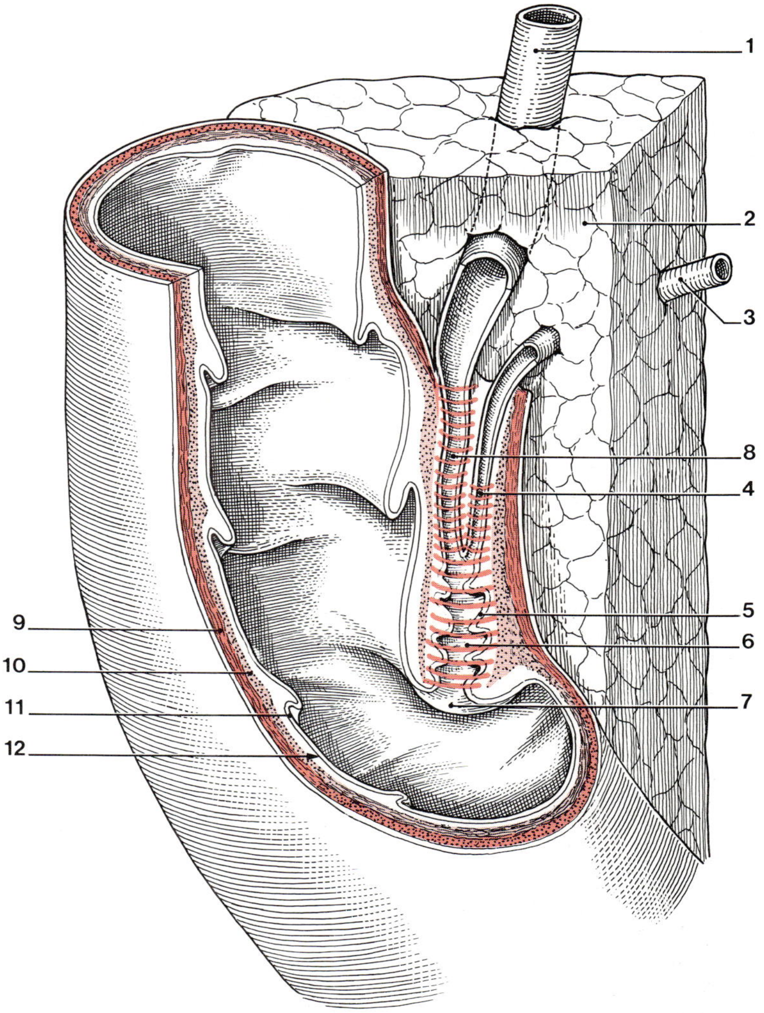

VARIATIONS

VÉSICULE BILIAIRE

- Elle peut être absente, double ou cloisonnée.
- Elle peut être intra-hépatique, rétro-hépatique ou gauche.
- Elle peut présenter un diverticule.

CONDUIT CYSTIQUE

- Il peut être très long et s'ouvrir dans le duodénum.
- Il peut croiser en avant ou en arrière le conduit cystique.
- Il peut s'aboucher dans le conduit hépatique droit.

CONDUITS HÉPATIQUES ACCESSOIRES

- Ils peuvent aboutir directement dans la vésicule biliaire.
- Ils peuvent être responsables de cholépéritoine, après cholecystectomie.

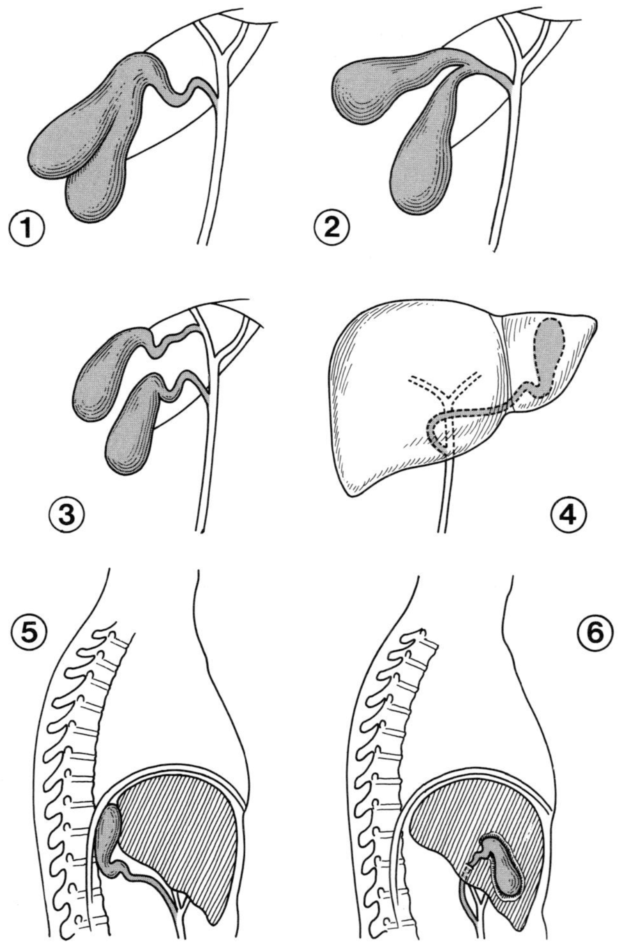

Variations de la vésicule biliaire
1 - Vésicule cloisonnée
2 - Vésicule double avec conduit cystique unique
3 - Vésicule et conduit cystique doubles
4 - Vésicule gauche
5 - Vésicule postérieure
6 - Vésicule intra-hépatique

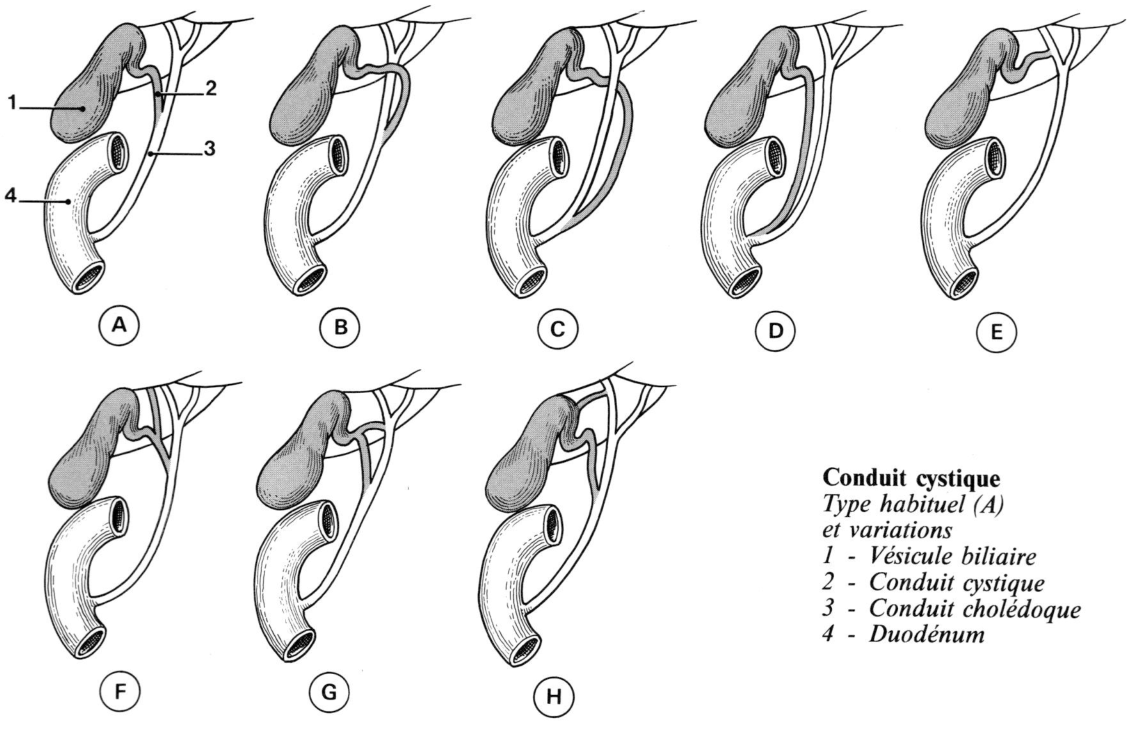

Conduit cystique
Type habituel (A) et variations
1 - Vésicule biliaire
2 - Conduit cystique
3 - Conduit cholédoque
4 - Duodénum

CONDUIT CHOLÉDOQUE

Il peut être double, ou s'aboucher dans les parties supérieure et horizontale du duodénum.

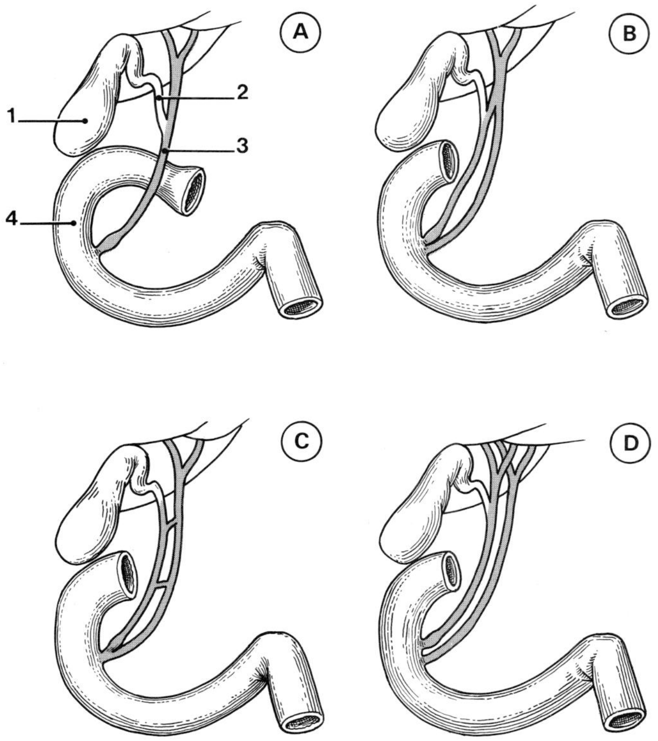

Conduit cholédoque
A - Type habituel
B - C - et D - Variations
1 - Vésicule biliaire
2 - Conduit cystique
3 - Conduit cholédoque
4 - Duodénum

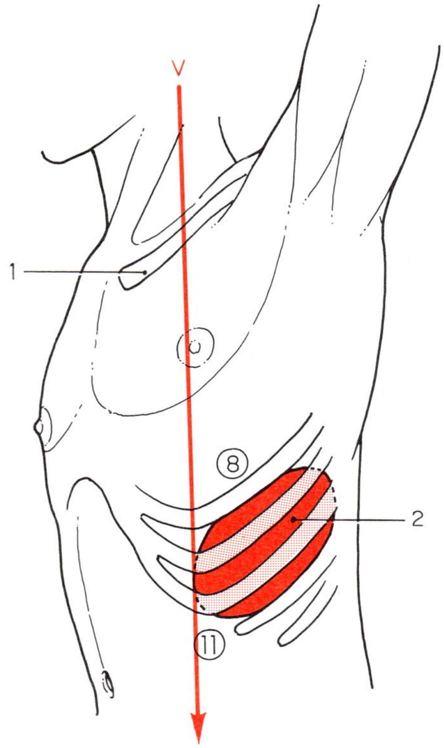

Rate. Anatomie de surface
(vue antéro-latérale gauche)
V - ligne médio-claviculaire
1 - Clavicule
2 - Rate

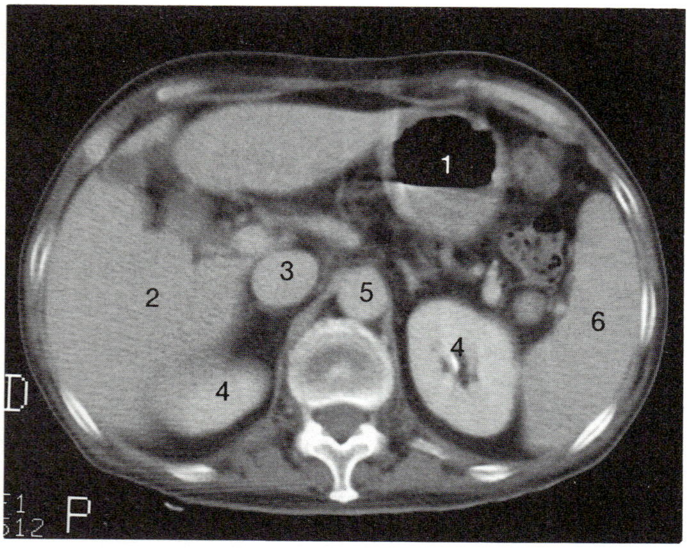

Tomodensitométrie passant par L1
1 - Estomac
2 - Foie
3 - V.C.I.
4 - Reins
5 - Aorte
6 - Rate

15

RATE [1]

La rate est le plus volumineux des organes lymphoïdes. Elle est située dans l'hypochondre gauche. C'est un organe très caractéristique des vertébrés. C'est un réservoir de sang qui produit des lymphocytes, épure le sang, détruit les globules rouges et fabrique l'hémoglobine.

La splénectomie est compatible avec une vie normale ; mais l'absence de rate favorise l'apparition de scepticémies fulminantes.

SOMMAIRE / MOTS-CLÉS

1. N.A. Splen ou Lien — D'où les adjectifs : splénique ou liénal.

DÉVELOPPEMENT

ORGANOGÉNÈSE

La rate apparaît vers la 6e semaine dans le mésogastre dorsal à l'extrémité de l'a. splénique. Elle procède de multiples condensations du mésenchyme qui fusionnent pour former une rate lobulée chez le fœtus. La rotation de l'estomac entraîne la rate à gauche de la bourse omentale avec la formation des ligaments gastro-splénique et spléno-rénal.
A la naissance, le témoin de la lobulation est représenté par l'aspect crénelé du bord supérieur et par la segmentation artérielle de la rate.

ANOMALIES

1. L'agénésie splénique est très rare.

2. La polysplénie est fréquente (10 à 35 % des sujets). Les rates accessoires sont situées surtout le long de l'a. splénique, parfois dans le mésentère et le ligament large ou le testicule gauche.

CONSIDÉRATIONS GÉNÉRALES

SITUATION

Elle est située dans l'hypochondre gauche entre le fundus gastrique et le diaphragme.

FORME - COULEUR

Elle est très variée et représente souvent un tetraèdre. La rate présente :
- Deux faces, diaphragmatique et viscérale.
- Deux bords, inférieur et supérieur.
- Deux extrémités, antérieure et postérieure.

Sa couleur est pourpre foncée.

CONSISTANCE ET COHÉSION

Sa consistance est ferme et sa cohésion faible.
La rate est friable et se déchire facilement lors des traumatismes.

POIDS

Il est d'environ 200 gr chez l'adulte et de 17 gr chez l'enfant. Il diminue progressivement chez le sujet âgé.

DIMENSIONS

La rate mesure environ :
- 12 cm pour la longueur ;
- 7 cm pour la largeur ;
- 4 cm pour l'épaisseur.

Ces dimensions augmentent au cours de la digestion, de nombreuses maladies hématologiques et du paludisme.

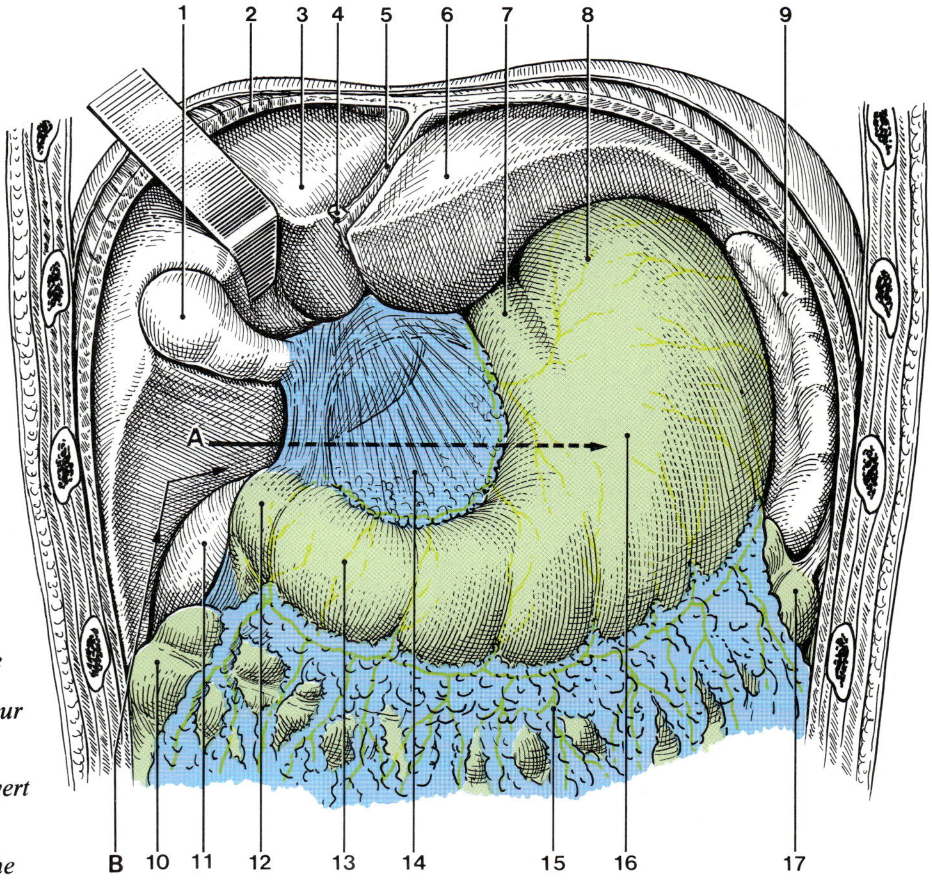

La rate en place
(vue antérieure de l'étage supra-mésocolique de la cavité abdominale)
A - Bourse omentale
B - Récessus hépato-rénal
1 - Vésicule biliaire
2 - Diaphragme
3 - Lobe droit du foie
4 - Lig. rond
5 - Lig. falciforme
6 - Lobe gauche du foie
7 - Œsophage abdominal
8 - Fundus de l'estomac
9 - Rate
10 - Courbure colique droite
11 - Rein droit
12 - Angle duodénal supérieur
13 - Partie pylorique
14 - Petit omentum
15 - Côlon transverse recouvert par le grand omentum
16 - Corps de l'estomac
17 - Courbure colique gauche

ANATOMIE DE SURFACE

La rate se projette sur la paroi thoraco-abdominale.

- De face, cette projection ne dépasse pas le rebord costal gauche.

La rate, normalement, ne peut être palpée.

- De profil, elle se situe entre la 9e et la 11e côte.

Son extrémité antérieure ne dépasse pas la ligne médio-claviculaire[1].

L'extrémité postérieure est située à 5 cm de la ligne médiale dorsale.

La rate est mate à la percussion. Cette percussion difficile doit s'effectuer le long de la XIe côte, dite « côte splénique ».

MOYENS DE FIXITE

Appendue à l'arborisation terminale de l'artère splénique, la rate est maintenue par :

- Les ligaments gastro-splénique, spléno-rénal et phrénico-colique.
- Les viscères qui l'entourent et qui délimitent la *loge splénique*.

1. Ligne verticale abaissée du milieu de la clavicule.

RAPPORTS

La rate est entourée d'organes creux permettant de la situer sur une radio sans préparation. Elle est recouverte du péritoine, excepté au niveau du hile où elle se continue avec les ligaments gastro-splénique et spléno-rénal.

1. La face diaphragmatique

Lisse et convexe, elle s'appuie sur la partie costale du diaphragme, et répond par son intermédiaire à la plèvre, au poumon gauche et aux côtes 9 à 11.

Elle est souvent lésée lors des traumatismes du thorax.

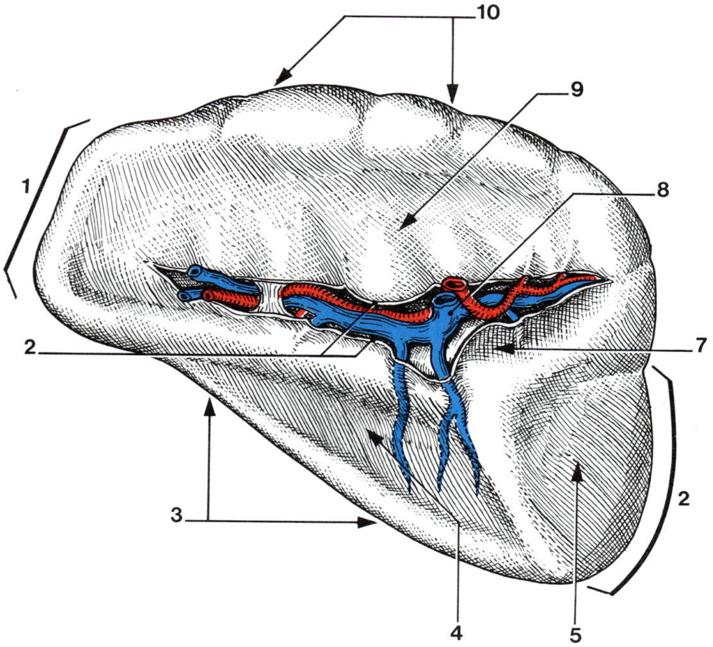

Rate (face viscérale)
(d'après Gray)

1 - Extrémité post.
2 - Lig. gastro-splénique
3 - Bord. inf.
4 - Surface rénale
5 - Surface colique
6 - Extrémité ant.
7 - Empreinte pancréatique
8 - Bile
9 - Surface gastrique
10 - Bord. ant.

2. La face viscérale présente le hile et trois surfaces

a) Le hile

C'est une fissure presque horizontale par laquelle les vaisseaux et nerfs pénètrent ou sortent. Sa partie inféro-antérieure répond à la queue du pancréas.

b) La surface gastrique

Elle est supra-hilaire et répond à l'estomac. Elle est réunie à la grande courbure par le ligament gastro-splénique.

c) La surface rénale

Elle est infra-hilaire et postérieure. Elle répond à la face antérieure du rein gauche et chez l'enfant à la surrénale gauche.

d) La surface colique

Elle est infra-hilaire et antérieure. Elle répond à l'angle colique gauche et au ligament phrénico-colique.

3. Les bords

a) Le bord supérieur sépare la face diaphragmatique de la surface gastrique. Il est crénelé et répond à la paroi de l'hypochondre gauche. Ce bord est palpable en cas de splénomégalie.

b) Le bord inférieur sépare la face diaphragmatique de la surface rénale. Il siège entre le diaphragme et la partie supérieure du bord latéral du rein gauche.

4. Les extrémités

a) L'extrémité antérieure étalée est située latéralement. Elle répond à l'angle colique gauche et au ligament phrénico-colique.

b) L'extrémité postérieure est arrondie et orientée vers la colonne vertébrale au niveau de T 11.

VASCULARISATION

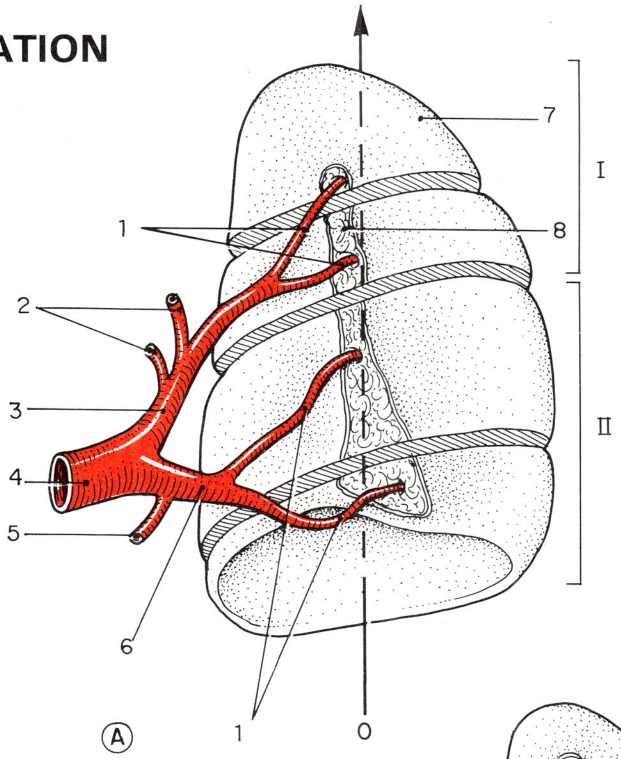

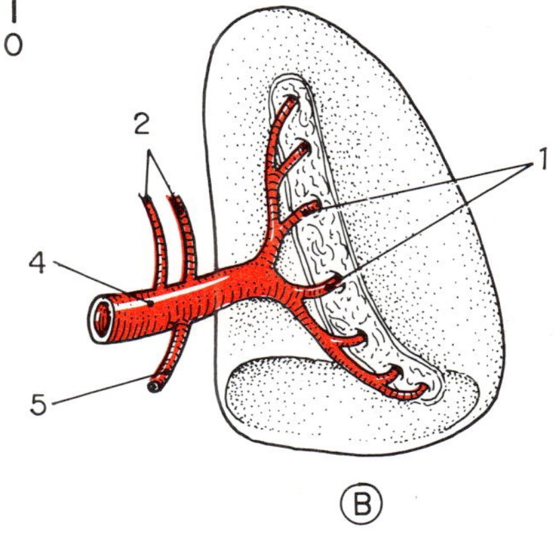

Segmentation de la rate (type long) - en cartouche : division de l'a. splénique (type court)

I - Lobe supérieur
II - Lobe inférieur
0 - Axe de la rate
1 - A. segmentaire
2 - Aa. gastriques courtes
3 - A. lobaire supérieure
4 - A. splénique
5 - A. gastro-épiploïque
6 - A. lobaire inf.
7 - Segment splénique
8 - Hile de la rate

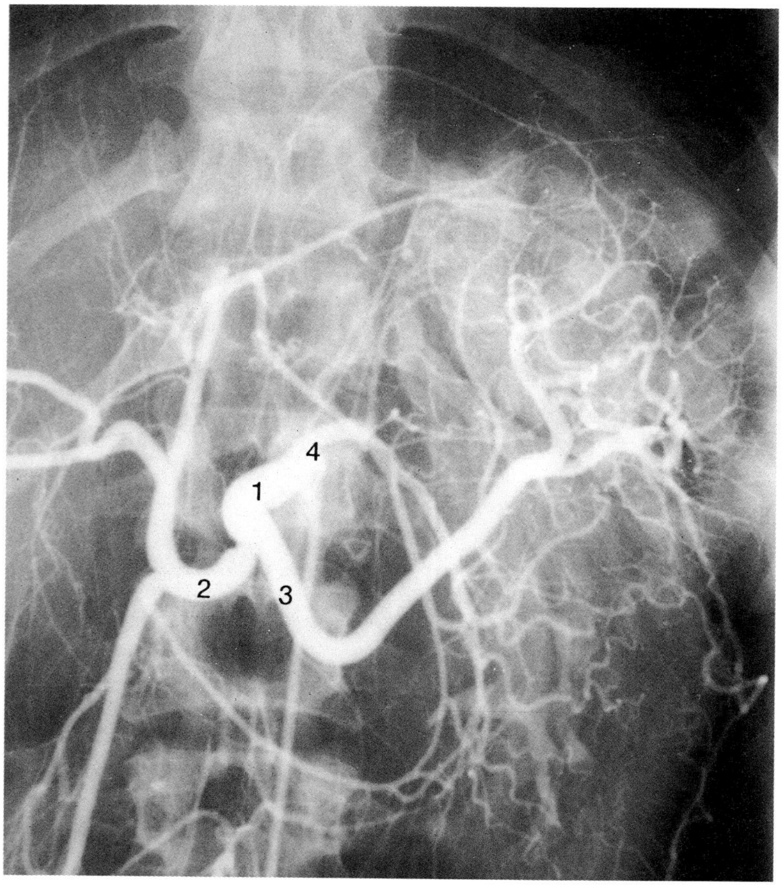

Artériographie sélective du tronc cœliaque (cliché Dr Ph. Chartier)
1 - Tronc cœliaque
2 - A. hépatique commune
3 - A. splénique
4 - A. gastrique gauche

ARTÈRES - SEGMENTATION

Les artères proviennent de l'a. splénique (ou liénale). Cette volumineuse et tortueuse artère atteint la rate par le ligament spléno-rénal.
L'a. splénique se termine soit à l'intérieur du hile (type court), soit à distance du hile (type long) en artères lobaires qui se subdivisent en artères segmentaires.

1. Les artères lobaires

- Habituellement au nombre de deux, supérieure et inférieure, les artères lobaires définissent deux lobes spléniques supérieur et inférieur.
- Dans 1/3 des cas environ au nombre de trois, supérieur, moyenne et inférieure, elles définissent alors trois lobes spléniques, supérieur, moyen et inférieur.

2. Les artères segmentaires

Au nombre de 4 à 6 ou plus, elles donnent chacune les aa. trabéculaires qui parcourent les trabécules. Chaque a. trabéculaire pénètre la pulpe blanche et donne des artères de la pulpe blanche.
Des artères de la pulpe blanche se détachent les aa. des lymphonodules[1] pour les lymphonodules spléniques. Chaque a. de la pulpe blanche se termine en aa. pénicillées qui se ramifient chacune en artérioles pénicillées (ou pénicilles).
Chaque artériole pénicillée présente une gaine capillaire avant de se terminer en artériole ellipsoïde qui s'ouvre dans le sinus veineux de la pulpe rouge.

1. Ancien. : a. centrale.

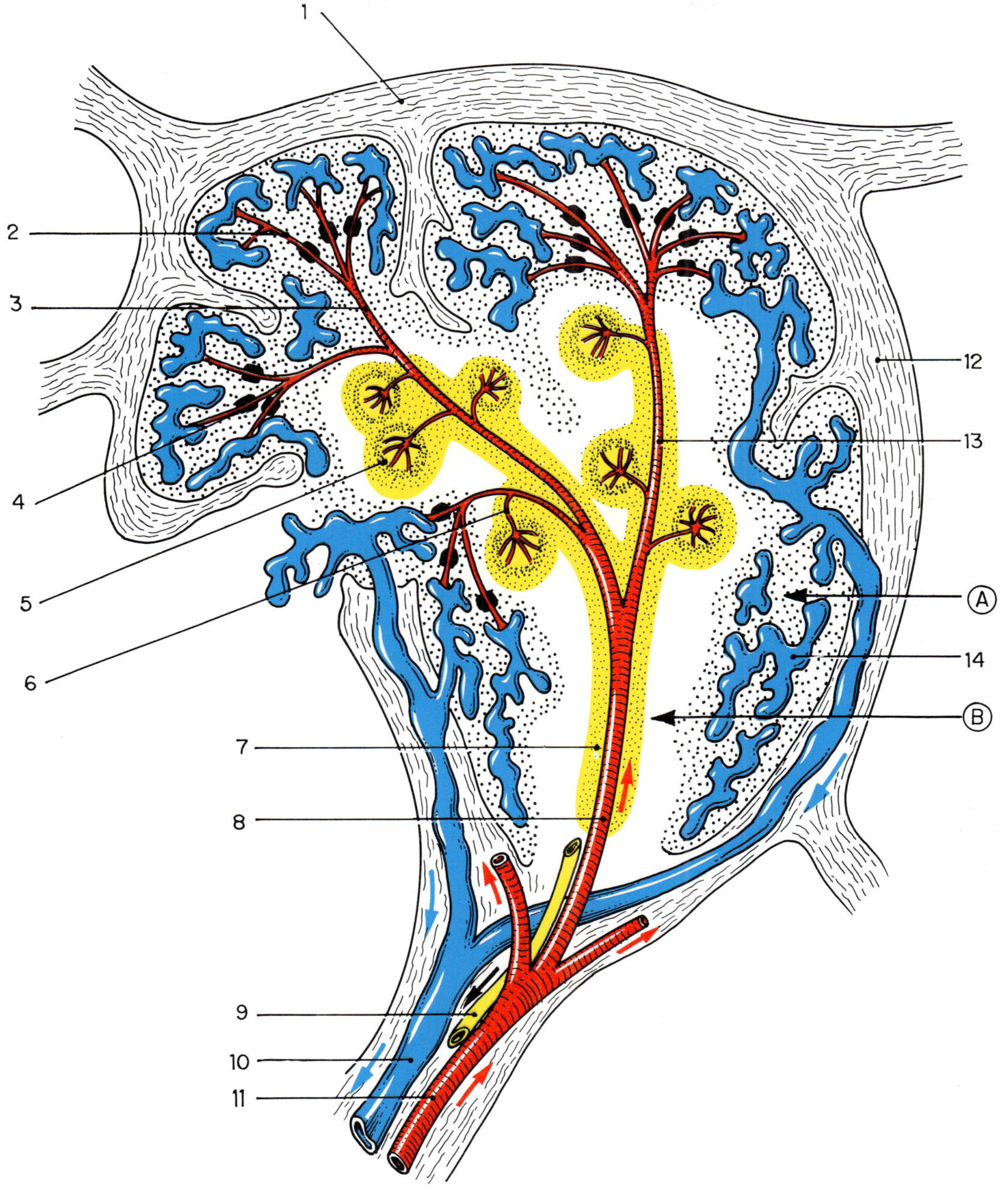

Structure d'un lobule splénique
A - Pulpe rouge
B - Pulpe blanche

1- Capsule
2- Artériole pénicillée
3- A. pénicillée
4- Gaine capillaire
5- Lymphonodule splénique
6- A. du lymphonodule
7- Gaine lymphatique péri-artérielle
8- A. de la pulpe blanche
9- Vaisseau lymphatique trabéculaire
10- V. trabéculaire
11- A. trabéculaire
12- Trabécule splénique
13- Artériole de la pulpe blanche
14- Sinus veineux

VEINES

Les sinus veineux de la pulpe rouge sont drainés par les vv. trabéculaires qui convergent dans le hile pour former la veine splénique qui rejoint la v. porte.

La rate constitue une sorte de cul-de-sac gauche du système porte. Ceci est mis à profit dans la splénoportographie. En cas d'exclusion du système porte (cirrhose), ou d'obstruction de ce système (cancer du pancréas), les varices gastro-œsophagiennes et la splénomégalie s'expliquent par l'hypertension veineuse splénique.

LYMPHATIQUES

les lymphatiques des trabécules et de la capsule rejoignent dans le hile les nœuds spléniques. Ceux-ci se drainent dans les nœuds pancréatiques supérieurs situés le long de l'a. splénique.

INNERVATION

Les neurofibres de la rate proviennent du plexus splénique qui accompagne l'a. splénique. Il dérive du plexus cœliaque.

STRUCTURE

La rate est constituée de deux enveloppes : la séreuse, superficielle, et la capsule, profonde. De la capsule partent les trabécules.

SÉREUSE

Elle dérive du péritoine et adhère à la capsule.

CAPSULE

Elle est un tissu conjonctif dense riche en fibres élastiques avec quelques myocytes lisses.
Ces myocytes lisses sont responsables de la spléno-contraction. Celle-ci peut être douloureuse et réaliser le « point de côté ».

TRABÉCULES SPLÉNIQUES

Ce sont des lames conjonctives vasculaires qui convergent vers le hile et cloisonnent la pulpe.
La pulpe splénique comprend une pulpe rouge, périphérique, située contre les trabécules et une pulpe blanche centrale.

- La pulpe rouge est riche en sinus veineux et de toute sorte de cellules sanguines.
- La puple blanche est constituée de petites masses de lymphocytes péri-artériels.

16

LE GROS INTESTIN

Le gros intestin est la partie terminale du tube digestif. Il s'étend du jéjunum à l'anus et comprend : le cæcum, le côlon, le rectum et le canal anal.

Il assure la concentration et le transit du bol fécal. Il est très septique et ses blessures sont très graves. Cette septicité croît du cæcum à l'anus.

SOMMAIRE / MOTS-CLÉS

Généralités
Disposition et direction : *dans les plans frontal et sagittal*
Mesures
Configuration externe : *bandelettes longitudinales, haustrations coliques, appendices omentaux*
Configuration interne : *plis semi-lunaires*
Structure : *séreuse, musculeuse, sous-muqueuse, muqueuse*
Dynamique du gros intestin

Cæcum et appendice vermiforme
Cæcum : *mesures, situation, configuration externe et interne, rapports*
Appendice vermiforme : *mesures, implantation, anatomie de surface, rapports*
Récessus péritonéaux : *iléo-cæcal supérieur, iléo-cæcal inférieur, rétro-cæcal*

Côlon
Côlon ascendant : *situation, mesures, configuration externe, rapports*
Angle colique droit : *ligaments cystico-colique et phrénico-colique droit*
Côlon transverse : *situation, mesures, configuration externe, rapports*
Angle colique gauche : *ligament phrénico-colique gauche*
Côlon descendant : *situation, mesures, configuration externe, rapports*
Côlon sigmoïde : *situation, mesures, configuration externe, rapports*

Rectum et canal anal

Vascularisation
Artères : *mésentériques supérieure et inférieure, rectale supérieure, rameaux coliques*
Veines : *mésentériques supérieure et inférieure*
Lymphatiques

Innervation : *plexus mésentériques supérieur et inférieur.*

GÉNÉRALITÉS

DISPOSITION ET DIRECTION

1. Dans le plan frontal, le gros intestin se dispose tel un cadre entourant le jéjunum et l'iléum. Il monte verticalement de la fosse iliaque droite à la région infra-hépatique (côlon ascendant) ; il se coude (angle colique droit) et se porte transversalement vers la rate (côlon transverse) ; il se coude de nouveau (angle colique gauche) et descend verticalement vers la fosse iliaque gauche (côlon descendant) ; il se dirige médialement en décrivant une flexuosité (côlon sigmoïde) et devient vertical en regard du sacrum (rectum).

2. Dans le plan sagittal, on note que les côlons ascendant et descendant deviennent plus profonds en se rapprochant des angles coliques ; le côlon descendant étant dans son ensemble plus profondément situé que le côlon ascendant.

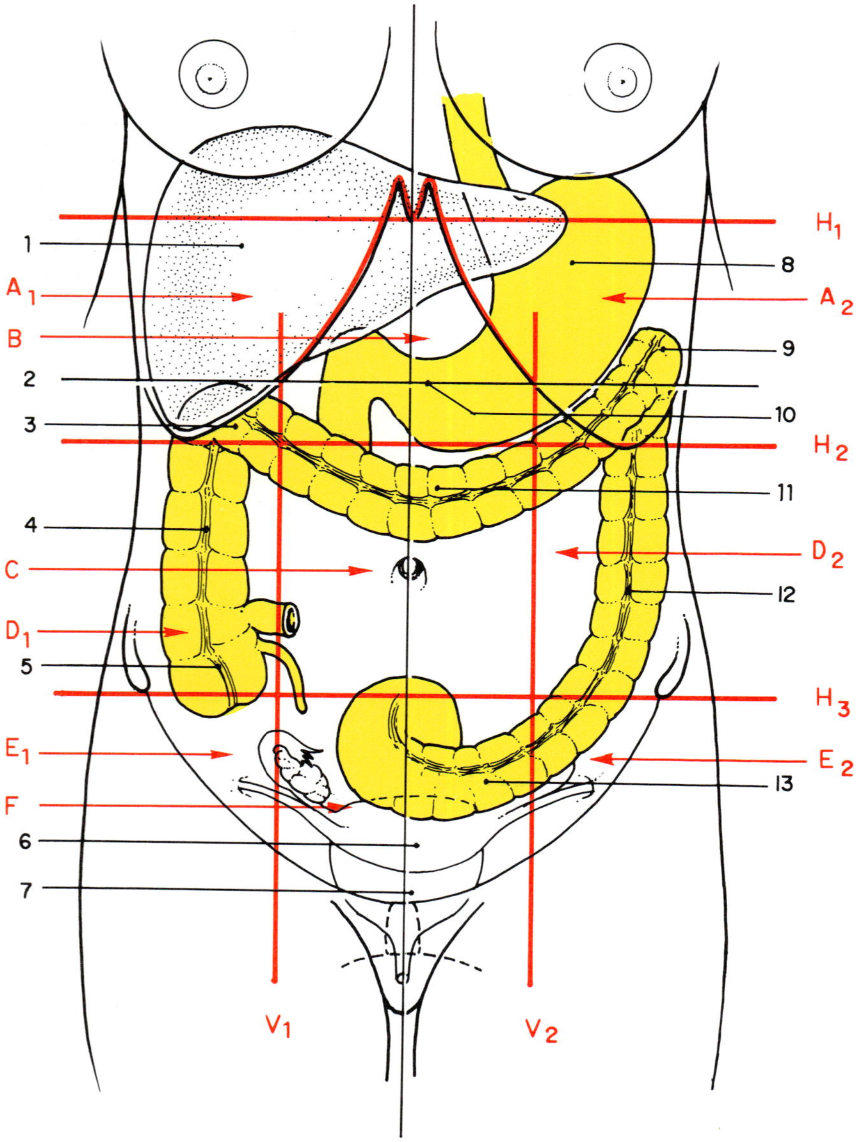

Paroi ventro-latérale : anatomie de surface

A1 - *Hypochondre droit*
A2 - *Hypochondre gauche*
B - *Epigastre*
C - *Région ombilicale*
D1 - *Flanc droit*
D2 - *Flanc gauche*
E1 - *Région inguinale droite*
E2 - *Région inguinale gauche*
F - *Région pubienne*
H1 - *Plan xiphoïdien*
H2 - *Plan subcostal*
H3 - *Ligne interépineuse*
V1 - *Ligne sagittale latérale droite*
V2 - *Ligne sagittale latérale gauche*
1 - *Foie*
2 - *Plan transpylorique*
3 - *Angle colique droit*
4 - *Côlon ascendant*
5 - *Cæcum*
6 - *Utérus*
7 - *Vessie*
8 - *Estomac*
9 - *Angle colique gauche*
10 - *Pylore*
11 - *Côlon transverse*
12 - *Côlon descendant*
13 - *Côlon sigmoïde*

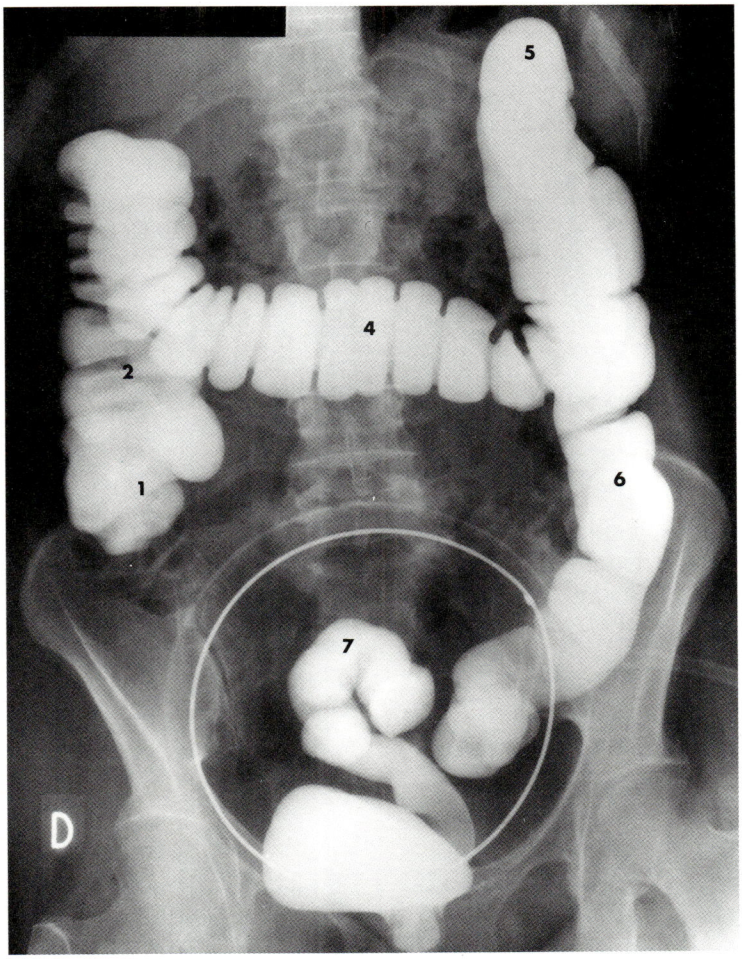

Radiographie du côlon ; lavement baryté
(cliché Dr Ph. Chartier)
1 - Cæcum
2 - Côlon ascendant
3 - Courbure colique droite
4 - Côlon transverse
5 - Courbure colique gauche
6 - Côlon descendant
7 - Côlon sigmoïde

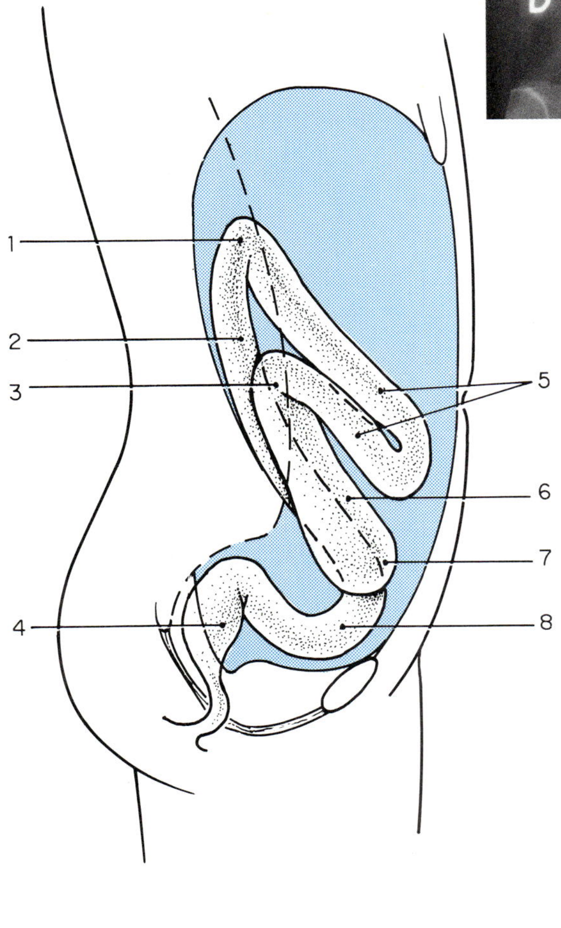

Direction et situation du côlon
(d'après Merz)
1 - Angle colique gauche
2 - Côlon descendant
3 - Angle colique droit
4 - Rectum
5 - Côlon transverse
6 - Côlon ascendant
7 - Cæcum
8 - Côlon sigmoïde

MESURES

Sa longueur est d'environ 1,50 m.
Son calibre diminue du cæcum au canal. Il passe de 8 cm à 3 cm avec une dilatation au niveau de l'ampoule rectale.

CONFIGURATION EXTERNE

La surface externe du côlon présente :

1. Les bandelettes longitudinales, ou ténias coliques [1]

Ce sont des épaississements de la couche longitudinale de la musculeuse. Elles sont absentes au niveau du rectum et sont au nombre de :

- trois ténias coliques sur les côlons ascendant, transverse et descendant ;
- deux ténias coliques sur le côlon sigmoïde.

2. Les haustrations coliques

Ce sont des bosselures transversales séparées par des sillons et situées entre les bandelettes. Elles disparaissent au niveau du rectum.

3. Les appendices omentaux ou épiploïques

Ce sont des formations séro-graisseuses appendues le long de certaines bandelettes, sauf au niveau du cæcum.

Ces appendices peuvent se creuser d'un diverticule chez le sujet âgé. Leur inflammation ou diverticulite est grave et peut être la cause de péritonites par perforation.

CONFIGURATION INTERNE

La surface interne du gros intestin est caractérisée par des dépressions séparées par des *plis semi-lunaires* s'étendant sur un tiers environ de la circonférence de la paroi.
Ils correspondent aux sillons de la surface externe.

STRUCTURE

Le gros intestin est constitué de quatre tuniques : séreuse, musculeuse, sous-muqueuse et muqueuse.

1. La séreuse

Formée du péritoine viscéral, elle comprend un mésothélium et une couche sous-séreuse de conjonctif lâche, riche en tissu adipeux au niveau des appendices épiploïques.

2. La musculeuse

a) La couche externe

Elle est constituée de myofibres lisses longitudinales. Cette couche mince s'épaissit par endroit en bandelettes longitudinales ou tænias coliques.

b) La couche interne

Elle est constituée de myofibres lisses circulaires.

1. Syn. Tænia.

Structure du côlon
1 - Séreuse disséquée et réclinée
2 - Mésocôlon
3 - Bandelette mésocolique
4 - Bandelette du bord libre
5 - Appendices épiploïques
6 - Haustrations
7 - Couche circulaire
8 - Muqueuse
9 - Pli semi-lunaire

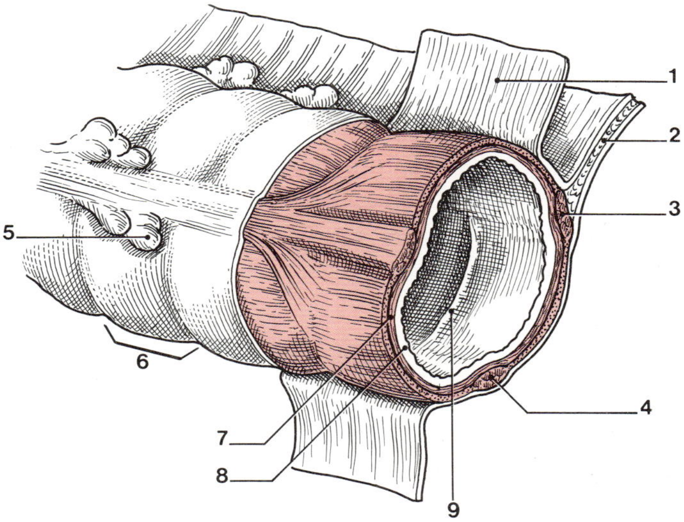

3. La sous-muqueuse

Elle est constituée de tissu conjonctif lâche contenant des vaisseaux sanguins et lymphatiques, des cellules adipeuses, un plexus nerveux, et des follicules lymphatiques solitaires. Ces follicules sont plus nombreux au niveau de l'appendice vermiforme.

4. La muqueuse

Elle ne présente pas de villosités. Sa surface est parsemée d'orifices des cryptes intestinales.

- L'épithélium est cylindrique simple avec des endocrinocytes gastro-intestinaux. Les cryptes sont riches en cellules caliciformes.
- La lamina propria est un conjonctif lâche, bien vascularisé et innervé.
- La musculosa mucosæ est une fine couche de myofibres lisses.

DYNAMIQUE DU GROS INTESTIN

Cinq sortes de mouvements sont visibles lors de l'exploration radiologique :

- *Mouvements péristaltiques :* périodiques et lents, assurant la progression d'un repas, du cæcum au sigmoïde, en 14 à 20 heures.
- *Mouvements antipéristaltiques :* mouvements de brassage (qui ont lieu uniquement dans le côlon ascendant).
- *Mouvements de masse :* contractions rapides et espacées sur des segments de 20 cm environ.
- *Mouvements pendulaires* à type d'oscillations.
- *Mouvements de segmentation* du contenu intestinal.

Après laparotomie, l'inertie du côlon est la plus longue : de 48 heures à cinq jours. Celle du grêle est brève voire inexistante. D'où l'obstacle au transit du grêle (lieus paralytique) qu'engendre l'arrêt de la motricité colique, entraînant douleurs et météorisme qui ne cèdent qu'à l'émission des gaz du côlon. « Les sons qui peuvent choquer une duchesse sont musique pour l'oreille du chirurgien » (Sir Heneague O'Gilvie).

CÆCUM ET APPENDICE VERMIFORME

Cæcum

Le cæcum[1] est le cul-de-sac initial du gros intestin. Il est limité par le plan transversal passant au-dessus de la jonction iléo-cæcale.

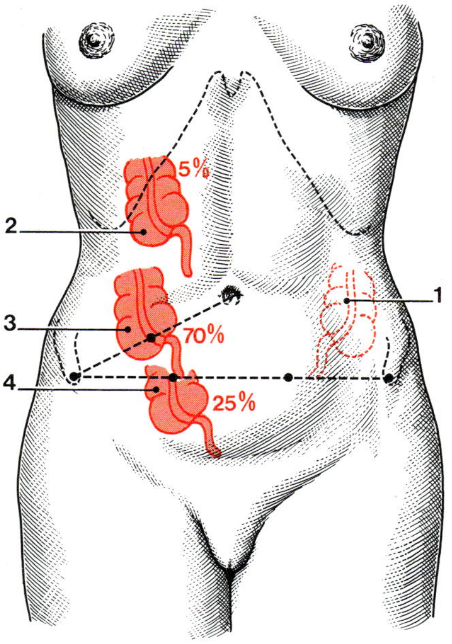

Topographie du cæcum et de l'appendice vermiforme
1 - Position iliaque gauche (exceptionnelle)
2 - Position haute, subhépatique ou prérénale (5 %)
3 - Position iliaque droite (70 %)
4 - Position basse, pelvienne (25 %)

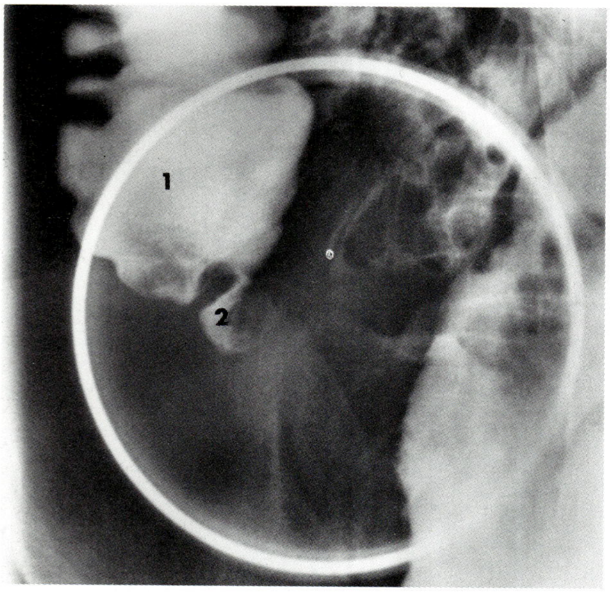

Radio 17 :
Radiographie du cæcum (1)
et de l'appendice vermiforme (2)
(cliché Dr Ph. Chartier)

1. Il fait défaut chez certains mammifères.

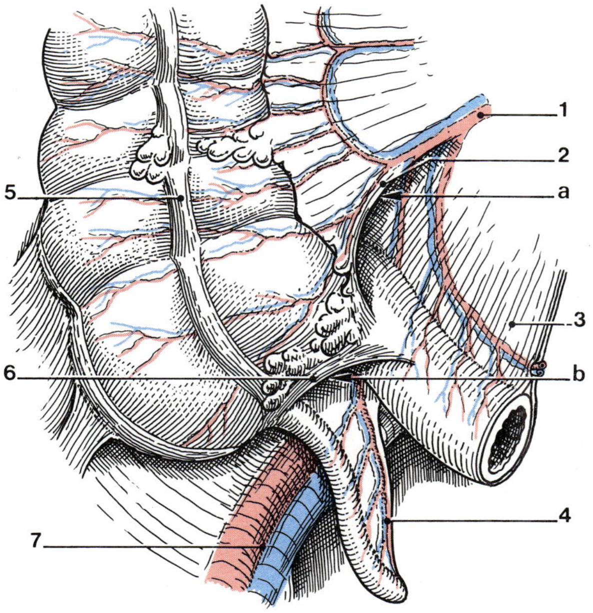

Cæcum et appendice vermiforme
1 - Vaisseaux iléo-coliques
2 - Pli-vasculaire du cæcum
3 - Mésentère
4 - Méso-appendice
5 - Bandelette du côlon
6 - Pli iléo-cæcal
7 - Vaisseaux iliaques externes
a) - récessus iléo-caecal sup.
b) - récessus iléo-cæcal inf.

1. Mesures
Haut de 6 cm, il présente un calibre de 6 à 8 cm.

2. Situation
Il est situé dans la fosse iliaque droite. Il peut être pelvien (25 %) chez la femme, infra-hépatique (5 %), voire à gauche.

3. Configuration externe
Recouvert du péritoine, il présente trois tænias coliques, un antérieur et deux postérieurs, qui convergent à la base de l'appendice vermiforme.
Le cæcum est dépourvu d'appendice omental.

4. Configuration interne
Sur la face postéro-médiale s'ouvrent les orifices iléo-cæcal et appendiculaire.

a) L'orifice iléo-cæcal
C'est une fente transversale qui s'ouvre au milieu de la *papille iléo-cæcale*, formée par la *valve iléo-caecale.* Les lèvres supérieure et inférieure de la valve se prolongent par les freins antérieur et postérieur de la valve iléo-cæcale[1].

b) L'orifice appendiculaire
Il est situé à 1 à 2 cm au-dessous de l'orifice iléo-cæcal. Il présente parfois un repli muqueux, la *valve appendiculaire*[2].

5. Rapports
Habituellement libre, le cæcum est faiblement maintenu par deux courts plis péritonéaux unissant les ténias postérieurs à la paroi abdominale postérieure. Ces plis délimitent le récessus rétro-cæcal. Le cæcum répond :

1. Ancien. : valvule de Bauhin.
2. Ancien. : valvule de Gerlach.

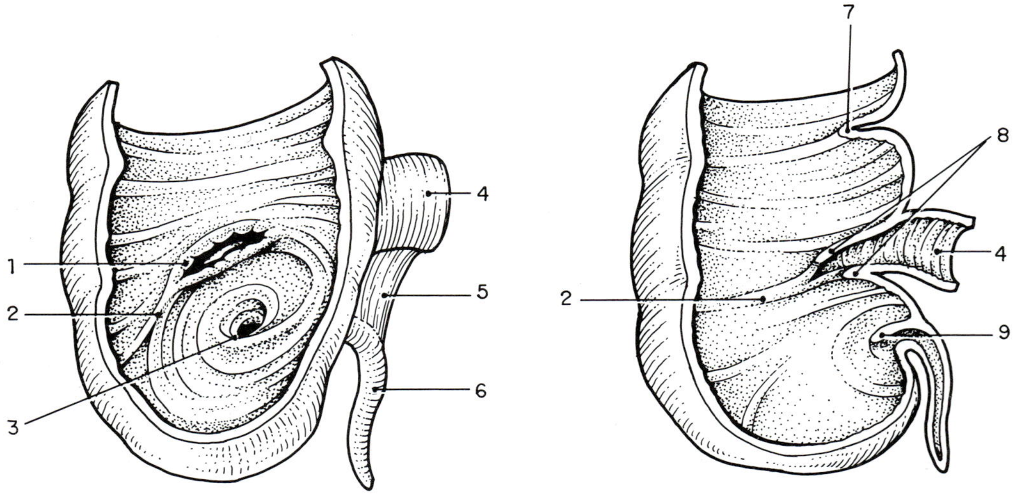

Configuration interne du cæcum

1 - Orifice iléo-cæcal
2 - Frein post. de la valve iléo-cæcale
3 - Orifice appendiculaire
4 - Iléum
5 - Méso-appendice
6 - Appendice vermiforme
7 - Pli semi-lunaire
8 - Lèvres sup. et inf. de la valve iléo-cæcale

- *en arrière,* au muscle iliaque sur lequel chemine le nerf cutané latéral de la cuisse ;
- *médialement* à l'iléum, à l'appendice vermiforme, au muscle grand psoas et au nerf fémoral ;
- *en avant et latéralement,* à la paroi abdominale.

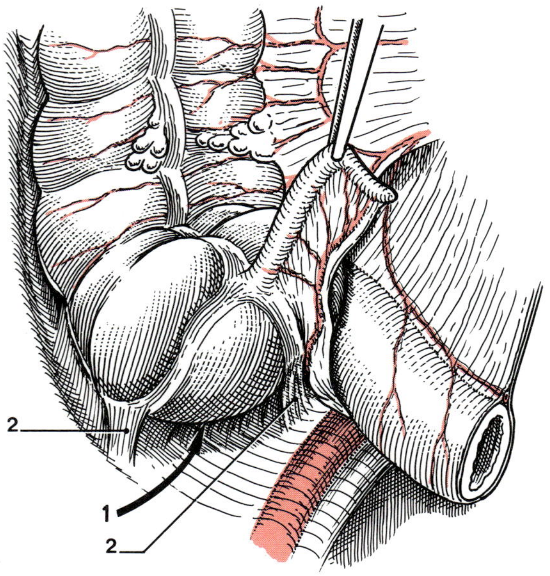

Récessus rétro-cæcal
(appendice vermiforme et cæcum sont relevés)
1 - Récessus rétro-cæcal
2 - Plis cæcaux

APPENDICE VERMIFORME

L'appendice vermiforme est un diverticule tubulaire et flexueux du cæcum. C'est une formation propre à l'homme et aux singes anthropoïdes. Son absence congénitale est très rare.

Il a tendance à se spasmer lorsqu'il est enflammé. Ces spasmes, ainsi que sa distension sont responsables des douleurs du syndrome appendiculaire.

1. Mesures
Sa longueur moyenne est de 8 cm (de 2 à 20 cm).
Son calibre est de 4 à 8 mm.

2. Implantation
Elle est située sur la face postéro-médiale du cæcum, à la convergence des trois ténias coliques, et à 1 ou 2 cm en dessous de la jonction iléo-cæcale.
Ces ténias constituent un repère chirurgical infaillible pour la découverte de l'appendice vermiforme.

3. Anatomie de surface
Sa projection cutanée est très variable et dépend de la situation du cæcum. Habituellement, il se projette au milieu de la ligne unissant l'ombilic et l'épine iliaque antéro-supérieure droite (point de Mc Burney). Dans sa variété pelvienne, l'apex de l'appendice se projette à la jonction des tiers latéral et moyen de la ligne unissant les deux épines iliaques antéro-supérieures (point de Lanz).

4. Rapports
Il est habituellement médio-cæcal. Il peut être rétrocæcal, subcæcal ou antérocæcal. Il présente les mêmes rapports que le cæcum. Son apex peut atteindre le petit bassin et être en rapport avec la vessie, le rectum, mais surtout la trompe et l'ovaire droits.
L'appendice vermiforme est uni à la terminaison de l'iléum par le méso-appendice qui contient ses vaisseaux et nerfs.

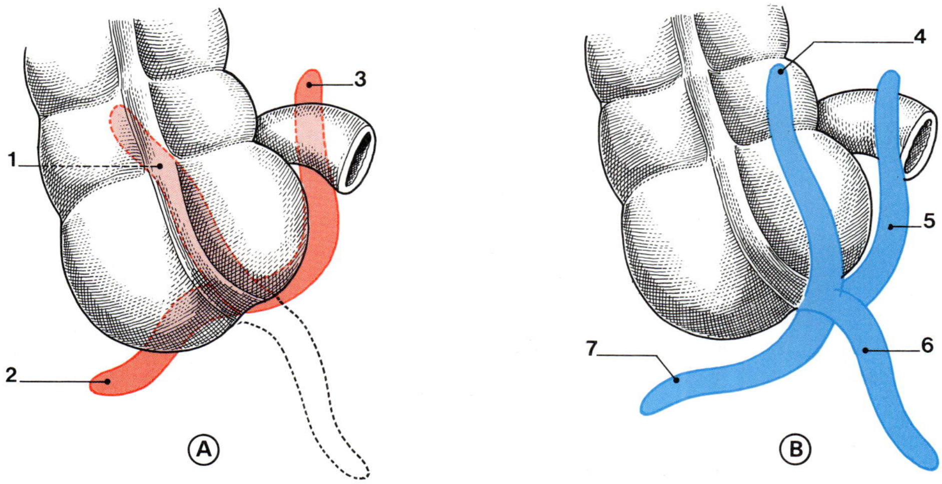

Situation de l'appendice vermiforme par rapport au cæcum

A - Variétés postérieures :
27,5 % (Collins)
67,6 % (Wakeley)

B - Variétés antérieures :
78,5 % (Collins)
32,4 % (Wakeley)

1 - Appendice rétro-cæcal
2 - Appendice infra-cæcal post.
3 - Appendice iléo-cæcal post.
4 - Appendice pré-cæcal
5 - Appendice iléo-cæcal ant.
6 - Appendice pelvien
7 - Appendice infra-cæcal ant.

RÉCESSUS PÉRITONÉAUX

1. Le récessus iléo-cæcal supérieur
Plus fréquent chez l'enfant, il est situé en avant de la terminaison de l'iléum et du mésentère. Il est défini par le pli péritonéal de l'artère cæcale antérieure.

2. Le récessus iléo-cæcal inférieur
Plus développé chez l'enfant, il est situé en avant du méso-appendiculaire.

3. Le récessus rétrocæcal
Il est vaste et situé entre le cæcum et la paroi abdominale postérieure.

CÔLON

CÔLON ASCENDANT

Il s'étend du cæcum à l'angle colique droit.

1. Situation et direction
Situé dans la fosse lombaire droite, il monte verticalement en devenant de plus en plus profond.

2. Mesures
Long de 10 cm environ, il présente un diamètre de 6 cm environ.

3. Configuration externe
Il est parcouru par des haustrations et trois ténias longitudinaux : un ténia antérieur, ou libre, et deux postérieurs, ou mésocoliques médial et latéral.

4. Rapports
Il est recouvert du péritoine sauf sa face postérieure qui est fixée à la paroi abdominale postérieure par le tissu aréolaire du mésocôlon ascendant. Il répond :

- *en avant,* à la paroi abdominale antérieure, à la face viscérale du foie et à la vésicule biliaire ;
- *en arrière,* à la partie inférieure du rein droit, aux nerfs ilio-hypogastrique et ilio-inguinal ;
- *à droite,* à la paroi abdominale, avec laquelle il détermine le sillon paracolique droit ;
- *à gauche,* aux anses grêles et au grand omentum.

ANGLE COLIQUE DROIT

Il unit les côlons ascendant et transverse, en formant un angle presque droit.
Il se projette à l'extrémité antérieure de la 10e côte.
Sa face postérieure, non péritonisée, répond directement au rein droit.
Sa face antérieure est en rapport avec la face viscérale du foie. Elle est parfois reliée à la vésicule biliaire, par le ligament cystico-colique.
Sa face médiale, répond à la partie descendante du duodénum.
Sa face latérale, répond au diaphragme auquel elle est unie par le ligament phrénico-colique droit.

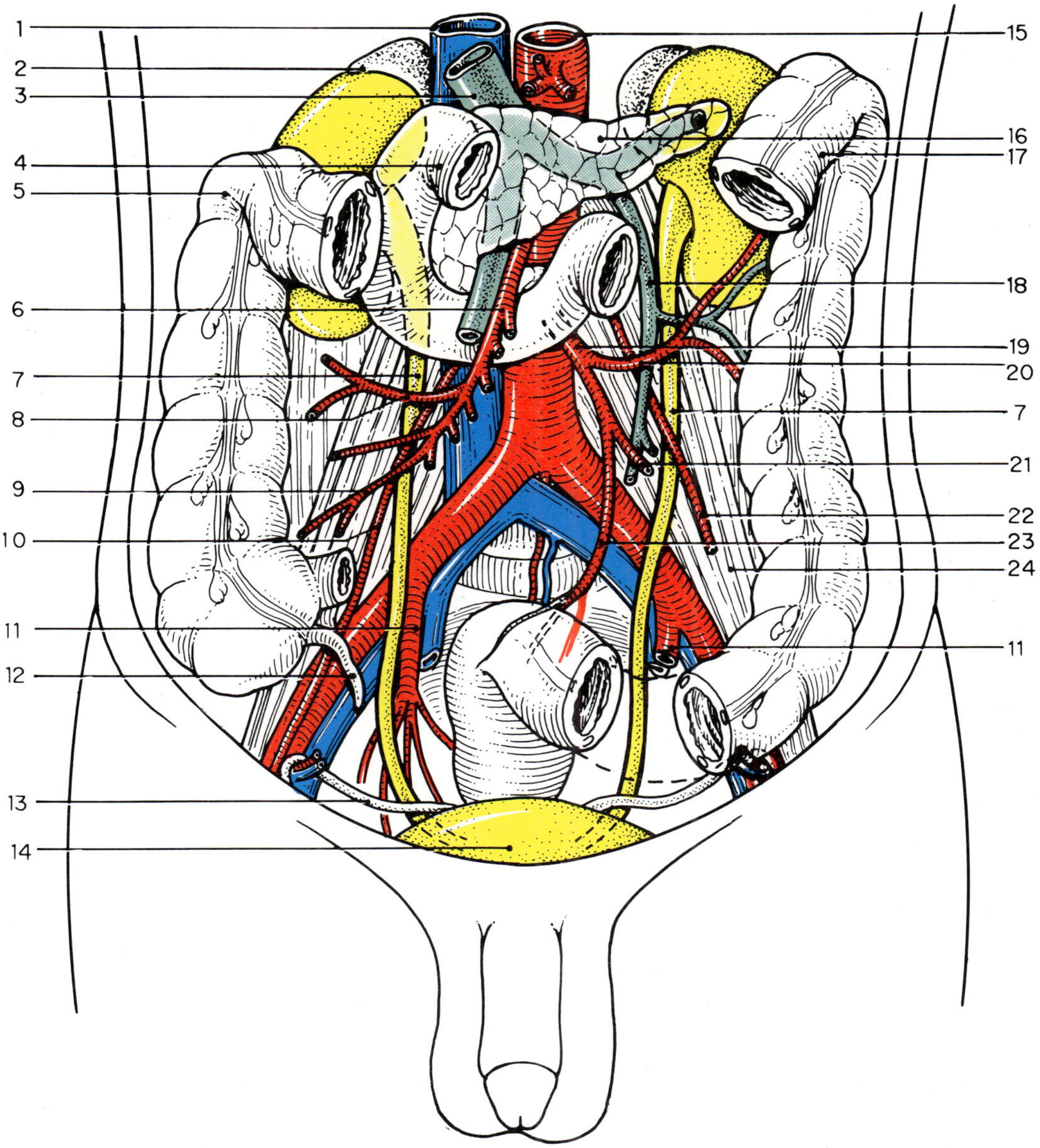

Cavité abdominale
(vue antérieure de sa paroi postérieure après exérèse du péritoine et de nombreux viscères)

1 - V. cave inférieure
2 - Glande surrénale
3 - V. porte
4 - Duodénum
5 - Angle colique droit
6 - A. et v. mésentériques supérieures
7 - Uretère
8 - A. colique droite
9 - A. iléo-cœcale
10 - A. testiculaire droite
11 - A. et v. iliaques internes
12 - Appendice vermiforme
13 - Conduit déférent
14 - Vessie
15 - Aorte abdominale
16 - Pancréas
17 - Angle colique gauche
18 - V. mésentérique inférieure
19 - A. mésentérique inférieure
20 - A. colique gauche
21 - A. sigmoïdienne
22 - A. testiculaire gauche
23 - A. rectale supérieure
24 - M. psoas

CÔLON TRANSVERSE

Il est compris entre les deux angles coliques droit et gauche.

1. Situation et direction

Il occupe successivement l'hypochondre droit, la région supra-ombilicale et l'hypochondre gauche.
Il décrit une anse qui longe la grande courbure de l'estomac.

2. Mesures

Sa longueur moyenne est de 50 cm et son diamètre de 5 cm.

3. Configuration externe

Il est parcouru par trois ténias longitudinaux : un ténia inférieur ou libre, un ténia supérieur ou omental et un ténia postérieur ou mésocolique.

4. Rapports

a) Le péritoine

Mobile et entouré de péritoine, le côlon transverse est maintenu par le mésocôlon transverse. C'est une double lame péritonéale large de 10 cm environ qui présente :

- *un bord antérieur* libre se confondant avec le côlon transverse,
- *un bord postérieur* adhérent ou *racine du mésocôlon transverse.*

  Elle est oblique en haut et à gauche. Elle croise successivement la partie descendante du duodénum et la face antérieure de la tête du pancréas, surcroise l'angle duodéno-jéjunal, longe le bord inférieur du corps du pancréas et se termine au-dessous de la rate en se confondant avec le ligament phrénico-colique gauche.

- *Une face antérieure* qui forme la paroi postérieure du récessus inférieur de la bourse omentale.
- *Une face postérieure* qui repose sur les anses grêles.

b) Il répond :

- *En avant,* à la paroi abdominale et au grand omentum.
- *En arrière,* aux anses grêles.

ANGLE COLIQUE GAUCHE

Il unit les côlons transverse et descendant, en formant un angle très aigu, ouvert en bas.
C'est une zone d'arrêt de progression du lavement baryté ou des gaz.
Il est profondément situé, et se projette à la hauteur de la 8e côte gauche.
La hauteur et la profondeur de cette courbure colique gauche expliquent les difficultés chirurgicales de son abord.
Il est situé sous la rate et la queue du pancréas.
Sa face postérieure, non péritonisée, répond médialement au rein gauche et latéralement au diaphragme auquel il est uni par le *ligament phrénico-colique gauche.*
En avant, il répond à la grande courbure de l'estomac.

CÔLON DESCENDANT

Il s'étend de l'angle colique gauche au côlon sigmoïde.

1. Situation et direction

Il est profondément situé dans les fosses lombaire et iliaque gauches.
Il descend verticalement et se dirige obliquement en avant.

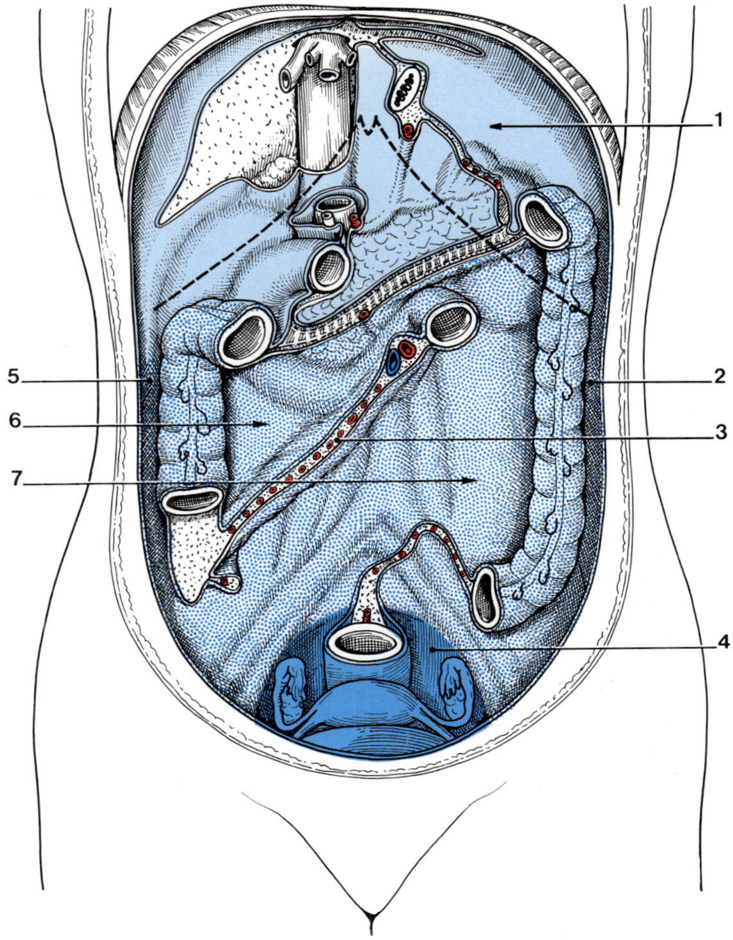

Cavité abdominale
(vue antérieure de sa paroi postérieure après ablation de nombreux viscères)
1 - Région supra-mésocolique
2 - Racine du mésocôlon-transverse
3 - Sillon paracolique gauche
4 - Racine du mésentère
5 - Racine du méso-sigmoïde
6 - Cavité pelvienne
7 - Sillon paracolique droit
8 - Mésocôlon ascendant
9 - Mésocôlon descendant
10 - Méso-appendice

2. Mesures
Il est long de 25 cm environ avec un diamètre de 4 cm environ.

3. Configuration externe
Il est parcouru par un ténia antérieur ou libre et deux ténias postérieurs ou mésocoliques.

4. Rapports
Il est recouvert du péritoine sauf sa face postérieure qui est fixée à la paroi abdominale postérieure par le tissu aréolaire du mésocôlon descendant. Il répond :
- *en arrière,* au diaphragme puis aux muscles ilio-psoas et carré des lombes, sur lesquels cheminent les nerfs ilio-hypogastrique, ilio-inguinal, cutané latéral de la cuisse, fémoral et les vaisseaux iliaques externes gauches ;
- *en avant,* aux anses grêles ;
- *latéralement,* à la paroi abdominale, avec laquelle il détermine le sillon paracolique gauche.

CÔLON SIGMOÏDE
Il fait suite au côlon descendant au niveau de la ligne terminale du pelvis et se continue par le rectum, à la hauteur de S3. Il mesure en moyenne 40 cm de long et 3 cm de calibre.

1. Situation et forme
Situé dans le pelvis, il forme une boucle dont la forme varie en fonction de sa longueur.

- Habituellement, la boucle suit la paroi pelvienne gauche, puis décrit une anse au-dessus du petit bassin, avant de côtoyer la paroi pelvienne droite pour rejoindre le sacrum.
- Un côlon sigmoïde court descend vers le sacrum en côtoyant la paroi pelvienne gauche.
- Un côlon sigmoïde long est plus sineux avec une anse qui peut remonter dans l'abdomen.

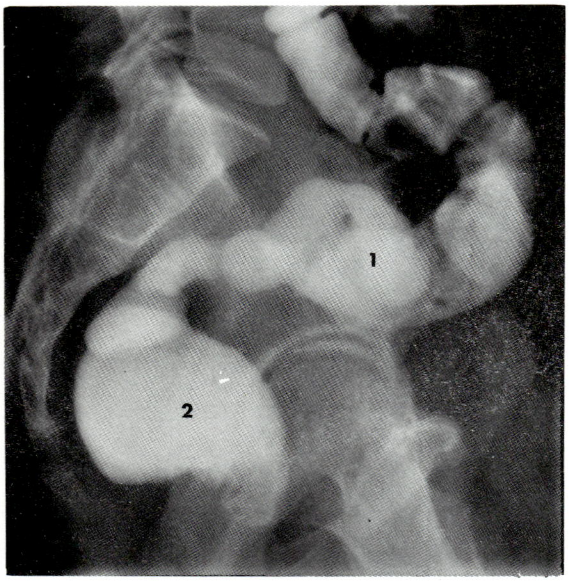

Radiographies du rectum ; lavement baryté
(cliché Dr Ph. Chartier) Cliché de profil
1 - Côlon sigmoïde
2 - Rectum

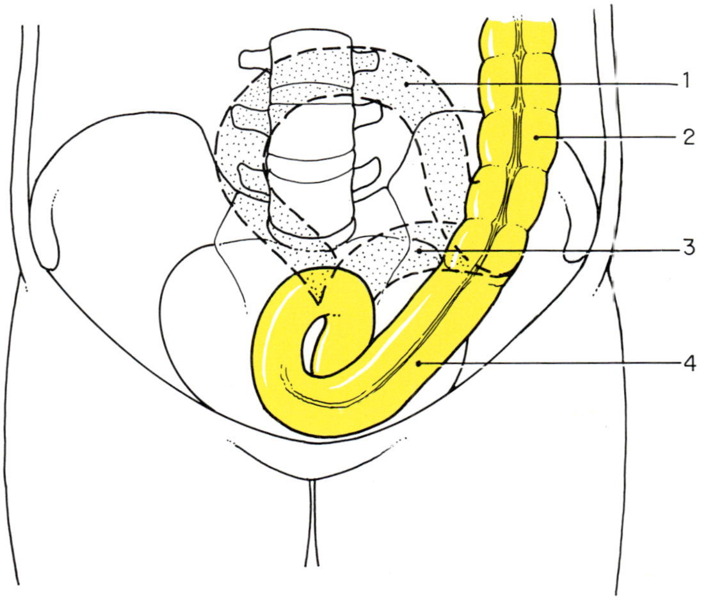

Formes et situations du côlon sigmoïde
(vue antérieure)
1 - Côlon sigmoïde long
2 - Côlon descendant
3 - Côlon sigmoïde court
4 - Côlon sigmoïde habituel

2. Configuration externe
Il ne présente ni sillon, ni haustration. Les deux ténias coliques, peu apparents, sont l'un, libre et l'autre, mésocolique.

3. Rapports

a) Le péritoine
Mobile et entouré de péritoine, le côlon sigmoïde est maintenu par le mésocôlon sigmoïde.

C'est une double lame péritonéale godronnée en forme de V ; d'où deux racines au mésocôlon sigmoïde :

- *Le sommet* se situe au-dessus de la bifurcation de l'artère iliaque commune gauche.
- *La racine gauche* correspond au bord inférieur du mésocôlon descendant. Elle est oblique et suit le bord supérieur des artères iliaques externe et commune gauches. Elle surcroise les vaisseaux testiculaires ou ovariques gauches et l'uretère gauche.
- *La racine droite,* médiane et verticale, rejoint le rectum.

Le récessus intersigmoïdien est compris entre le mésocôlon sigmoïde et le péritoine pariétal pelvien gauche.

b) Le côlon sigmoïde répond :

- en bas et en avant, à la vessie, et chez la femme, à l'utérus et au ligament large ;
- en arrière, au rectum ;
- en haut, aux anses grêles et au grand omentum.

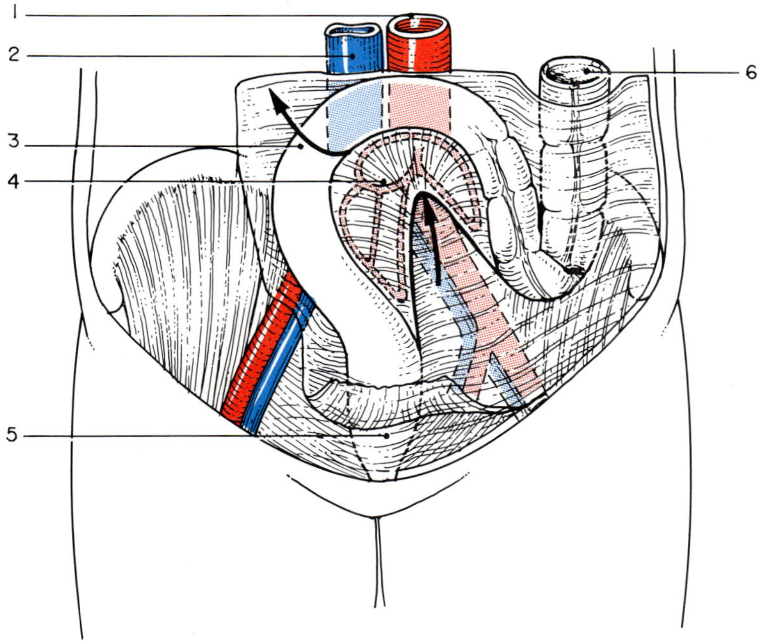

Récessus sigmoïde
1 - Aorte
2 - V. cave inf.
3 - Côlon sigmoïde récliné
4 - Méso-sigmoïde et ses artères
5 - Rectum
6 - Côlon descendant

RECTUM ET CANAL ANAL (voir petit bassin)

VASCULARISATION

ARTÈRES

Les artères du gros intestin proviennent des artères mésentériques supérieure et inférieure.

1. Artère mésentérique supérieure

Elle vascularise le cæcum, le côlon ascendant, l'angle colique droit et la partie droite du côlon transverse.

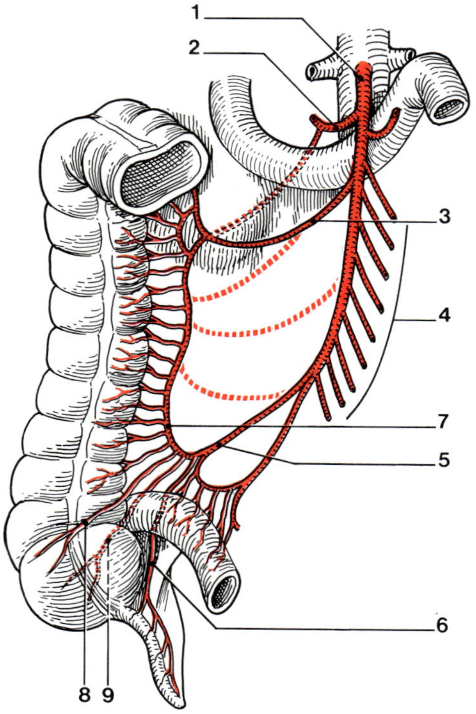

Artères du côlon (en pointillé, les variations d'origine)
1 - A. mésentérique supérieure
2 - A. colique moyenne
3 - A. colique droite
4 - Aa. jéjunales
5 - A. iléo-colique
6 - A. appendiculaire
7 - A. colique ascendante
8 - A. cæcale antérieure
9 - A. cæcale postérieure

a) L'artère iléo-colique
Elle descend obliquement à droite, le long de la racine du mésentère. Elle se termine à quelque distance de l'angle iléo-cæcal en artère colique ascendante, artères cæcales antérieure et postérieure, artère appendiculaire et rameau iléal.

b) Artère colique droite
Elle se dirige transversalement à droite, dans le mésocôlon ascendant. Elle se divise près de l'angle colique droit en deux rameaux :
- l'un descendant qui s'anastomose avec l'artère colique ascendante ;
- l'autre ascendant qui s'anastomose avec la branche homologue de l'artère colique moyenne.

c) L'artère colique moyenne[1]
Elle chemine dans le mésocôlon transverse et se divise en deux rameaux droit et gauche, qui s'anastomosent chacun avec les artères coliques droite et gauche.

2. Artère mésentérique inférieure
Elle vascularise la partie gauche du côlon transverse, le côlon descendant, le côlon sigmoïde et le rectum.

a) L'artère colique gauche
Elle se dirige transversalement à gauche. Elle croise la veine mésentérique inférieure, et se divise en deux rameaux qui s'anastomosent avec l'artère colique moyenne et la branche ascendante de l'artère sigmoïdienne supérieure.

1. Elle peut naître du tronc cœlique ou être absente.

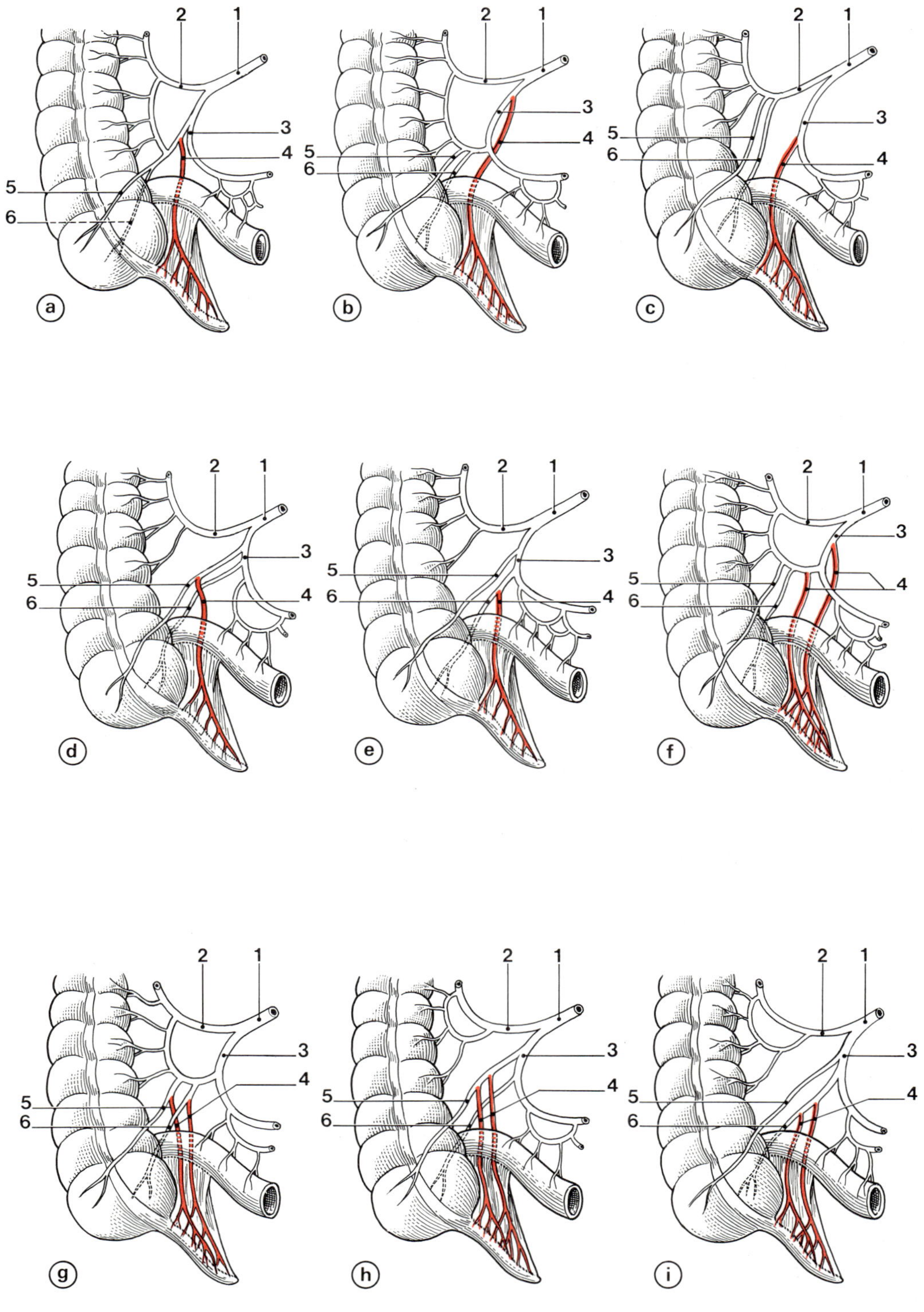

Artère appendiculaire et ses variations

(a : 31,7 % ; d : 18,3 % ; e : 18,3 % ; g : 20 % ; h, i : 8,3 % ; c : 1,7 % ; b, c et f : 1,7 %)

1 - A. iléo-colique
2 - A. colique ascendante
3 - Branche iléale
4 - A. appendiculaire
5 - A. cæcale antérieure
6 - A. cæcale postérieure

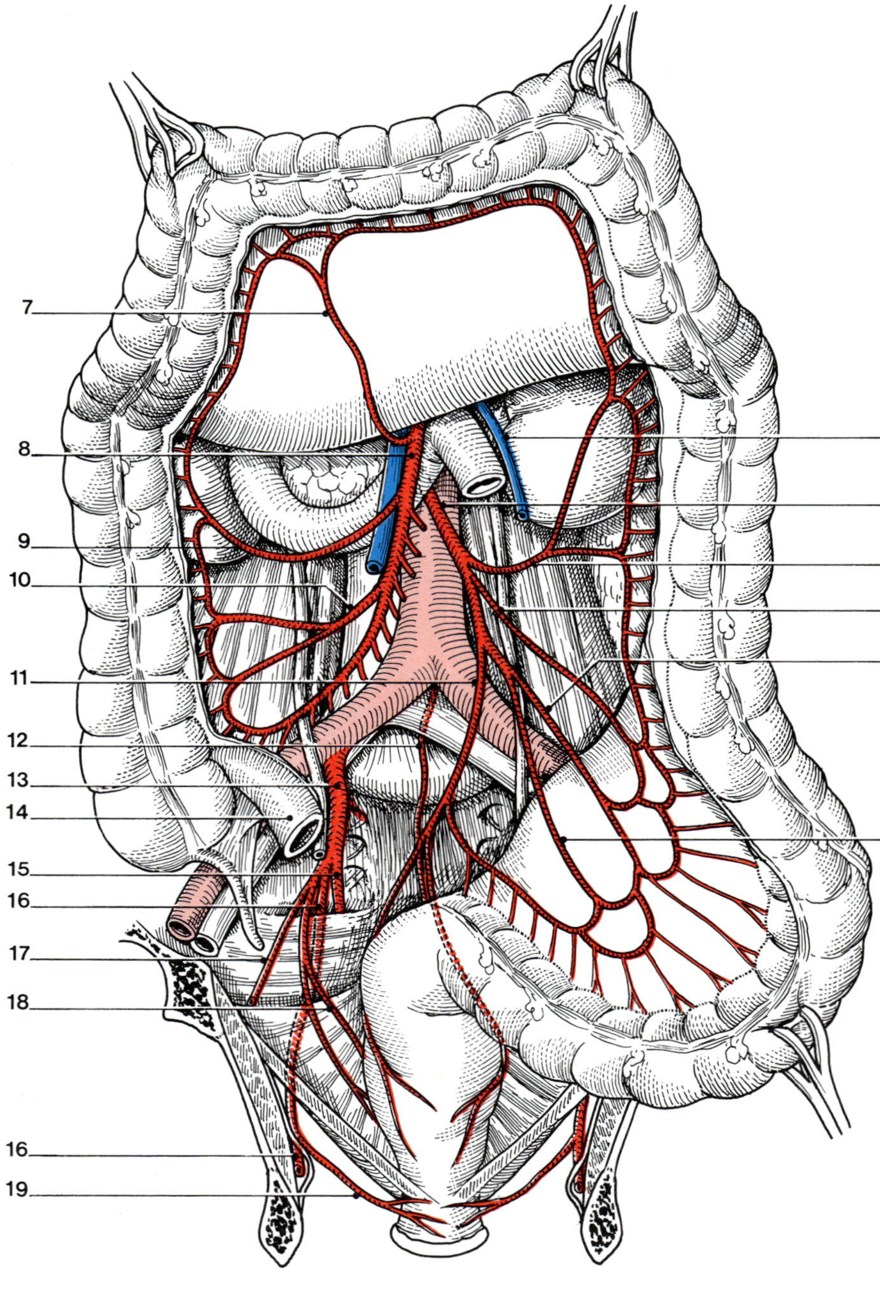

Artères mésentériques

1 - V. mésentérique inférieure
2 - A. mésentérique inférieure
3 - A. colique gauche
4 - A. sigmoïdienne supérieure
5 - A. sigmoïdienne moyenne
6 - A. sigmoïdienne inférieure
7 - A. colique moyenne
8 - A. mésentérique supérieure
9 - A. colique droite
10 - A. iléo-colique
11 - A. rectale supérieure
12 - A. sacrale médiane
13 - A. iliaque interne
14 - Iléum
15 - A. glutéale inférieure
16 - A. honteuse interne
17 - A. obturatrice
18 - A. rectale moyenne
19 - A. rectale inférieure

b) Les artères sigmoïdiennes

Au nombre de trois, supérieure, moyenne et inférieure, elles naissent de l'artère mésentérique inférieure, au-dessus de l'artère iliaque commune gauche, puis se divisent près du côlon sigmoïde en rameaux anastomotiques.

Les rameaux de l'artère sigmoïdienne supérieure s'anastomosent avec l'artère colique gauche et avec l'artère sigmoïdienne moyenne.

Les rameaux de l'artère sigmoïdienne moyenne s'anastomosent avec les artères sigmoïdiennes supérieure et inférieure.

Les rameaux de l'artère sigmoïdienne inférieure s'anastomosent avec l'artère sigmoïdienne moyenne et l'artère rectale supérieure.

3. Artère rectale supérieure (voir le rectum)

4. Les rameaux coliques

Les artères coliques et sigmoïdiennes forment des arcades anastomotiques à environ 2,5 cm du bord mésocolique des côlons. De cette arcade bordante[1] se détachent les rameaux coliques.

La continuité de l'arcade peut faire défaut en particulier entre les artères colique gauche et sigmoïdienne supérieure (15 % des cas). Les rameaux coliques, plus nombreux au niveau du côlon droit, sont de deux types : les rameaux coliques longs et courts.

a) Les rameaux coliques longs, volumineux, se divisent en deux branches terminales qui suivent les sillons coliques pour pénétrer le côlon généralement au niveau des ténias.

Le territoire d'un rameau colique long est triangulaire à sommet mésocolique.

b) Les rameaux coliques courts, grêles, se détachent soit de l'arcade bordante, soit d'un rameau colique long. Ils abordent le côlon au niveau des haustrations. Le territoire d'un rameau colique court est triangulaire à base mésocolique.

c) Les rameaux épiploïques, destinés aux appendices épiploïques, naissent soit de l'arcade, soit d'un rameau colique.

Rameaux coliques
1 - *Mésocôlon*
2 - *Muqueuse*
3 - *Musculeuse*
4 - *Séreuse*
5 - *A. colique*
6 - *Arcade colique bordante*
7 - *Rameau colique court*
8 - *Ténia mésocolique*
9 - *Rameau épiploïque*
10 - *Rameau colique long*
11 - *Ténia libre*
12 - *Appendice épiploïque*
13 - *Territoire vasculaire*

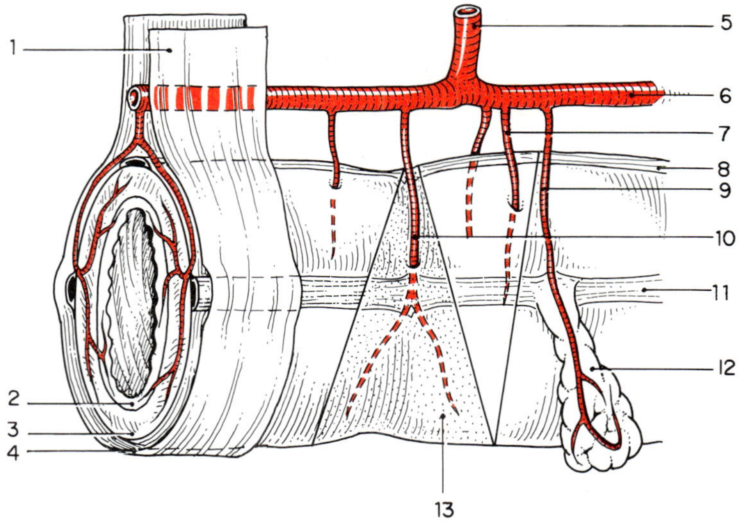

1. Ancien. : arcade de Riolan ou de Drummond.

VEINES

Le gros intestin est drainé par les veines mésentériques supérieure et inférieure.

1. La veine mésentérique supérieure

Elle assure le drainage veineux du gros intestin droit grâce à ses affluents droits :

- la veine iléo-colique ;
- la veine colique droite ;
- la veine colique moyenne.

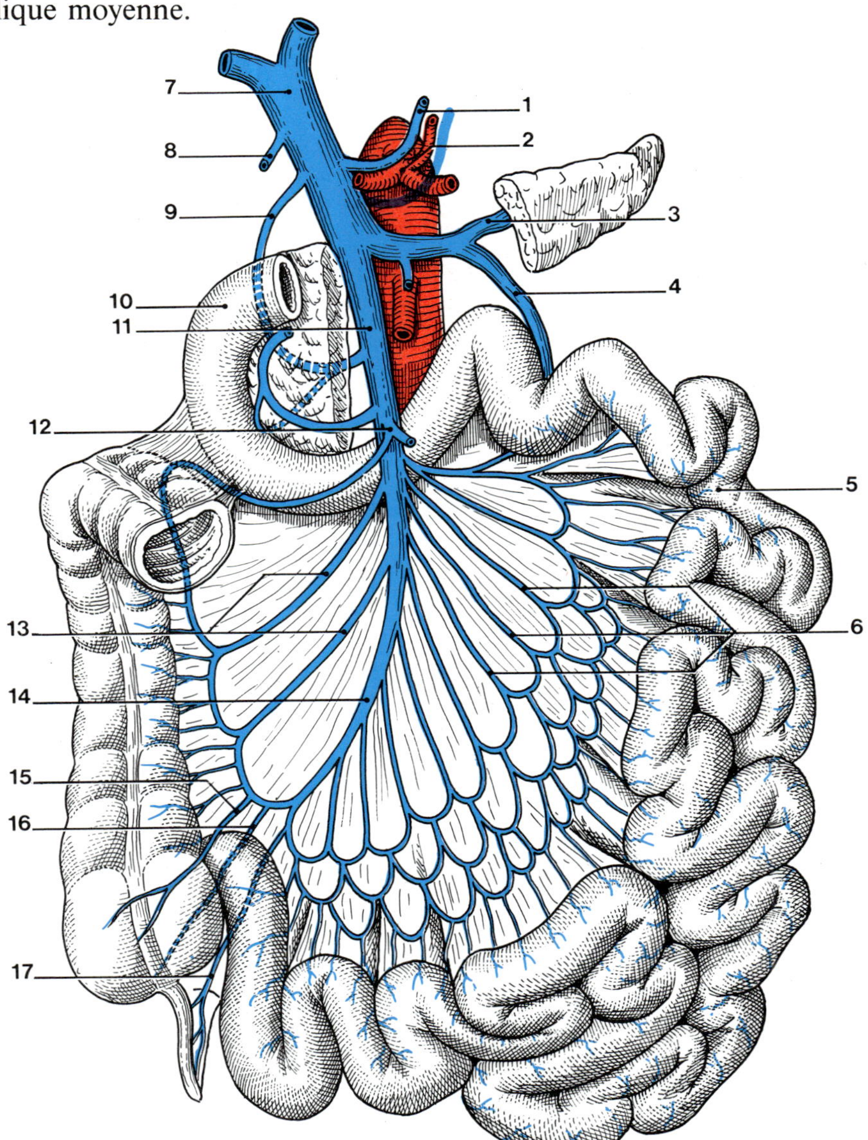

Veine mésentérique supérieure

1 - V. gastrique gauche
2 - Tronc cœliaque
3 - V. splénique
4 - V. mésentérique inférieure
5 - Intestin grêle
6 - Vv. jéjunales et iléales
7 - V. porte
8 - V. gastrique droite
9 - V. pancréatico-duodénale supérieure
10 - Duodénum
11 - V. mésentérique supérieure
12 - V. colique moyenne
13 - V. colique droite
14 - V. iléo-colique
15 - V. cæcale antérieure
16 - V. cæcale postérieure
17 - V. appendiculaire

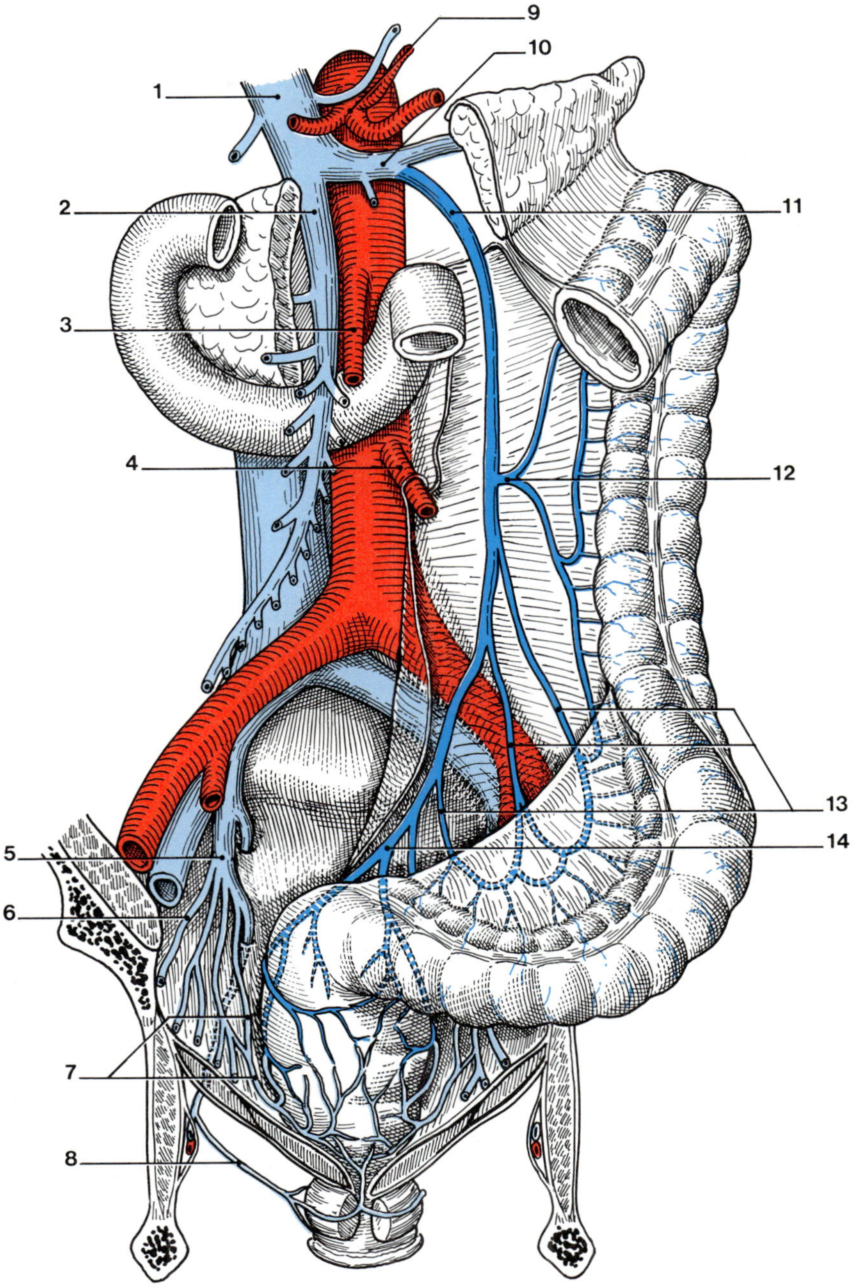

Veine mésentérique inf.

1 - V. porte
2 - V. mésentérique sup.
3 - A. mésentérique sup.
4 - A. mésentérique inf.
5 - V. iliaque int.
6 - V. obturatrice
7 - Vv. rectales moyennes
8 - V. rectale inf.
9 - Tronc cœliaque
10 - V. liénale
11 - V. mésentérique inf.
12 - V. colique gauche
13 - VV. sigmoïdiennes
14 - V. rectale sup.
15 - V. colique moyenne
16 - V. colique droite

2. La veine mésentérique inférieure
Elle draine le gros intestin gauche par ses affluents : la veine colique gauche, la veine sigmoïde et la veine rectale supérieure.

LYMPHATIQUES

1. Le cæcum et l'appendice sont drainés par les nœuds iléo-cæcaux qui se drainent dans les nœuds mésentériques supérieurs.

2. Le côlon

a) Les collecteurs d'origine

- Les collecteurs courts aboutissent aux nœuds épicoliques, situés sur le côlon, ou aux nœuds paracoliques, situés près du bord mésocolique.
- Les collecteurs longs aboutissent aux nœuds mésocoliques situés le long des aa. coliques, ou aux nœuds sigmoïdiens situés près des aa. sigmoïdiennes.

b) Les collecteurs terminaux
- Le côlon droit se draine dans les nœuds mésentériques supérieurs.
- Le côlon gauche se draine dans les nœuds mésentériques inférieurs.
- Les nœuds mésentériques rejoignent les nœuds lombaux.

INNERVATION

1. Le plexus mésentérique supérieur est destiné non seulement à l'intestin grêle mais encore au côlon droit et à l'appendice vermiforme. Très dense, il entoure l'artère mésentérique supérieure et ses branches.
Il est constitué de neurofibres issues des ganglions mésentériques supérieurs et du plexus cœliaque.

2. Le plexus mésentérique inférieur est destiné à la partie gauche du côlon transverse, au côlon descendant, au côlon sigmoïde et au rectum. Il entoure l'artère mésentérique inférieure et ses branches. Il est constitué de neurofibres issues des ganglions mésentériques inférieurs et du plexus intermésentérique.

3. Les plexus mésentériques supérieur et inférieur se terminent dans le plexus sous-séreux, lui-même en connexion avec les plexus myentérique[1] et sous-muqueux.
Le plexus myentérique assure le péristaltisme qui est modulé par l'innervation extrinsèque ; le parasympathique renforce le mouvement et le sympathique le déprime.

1. Ancien. : plexus d'Auerbach.

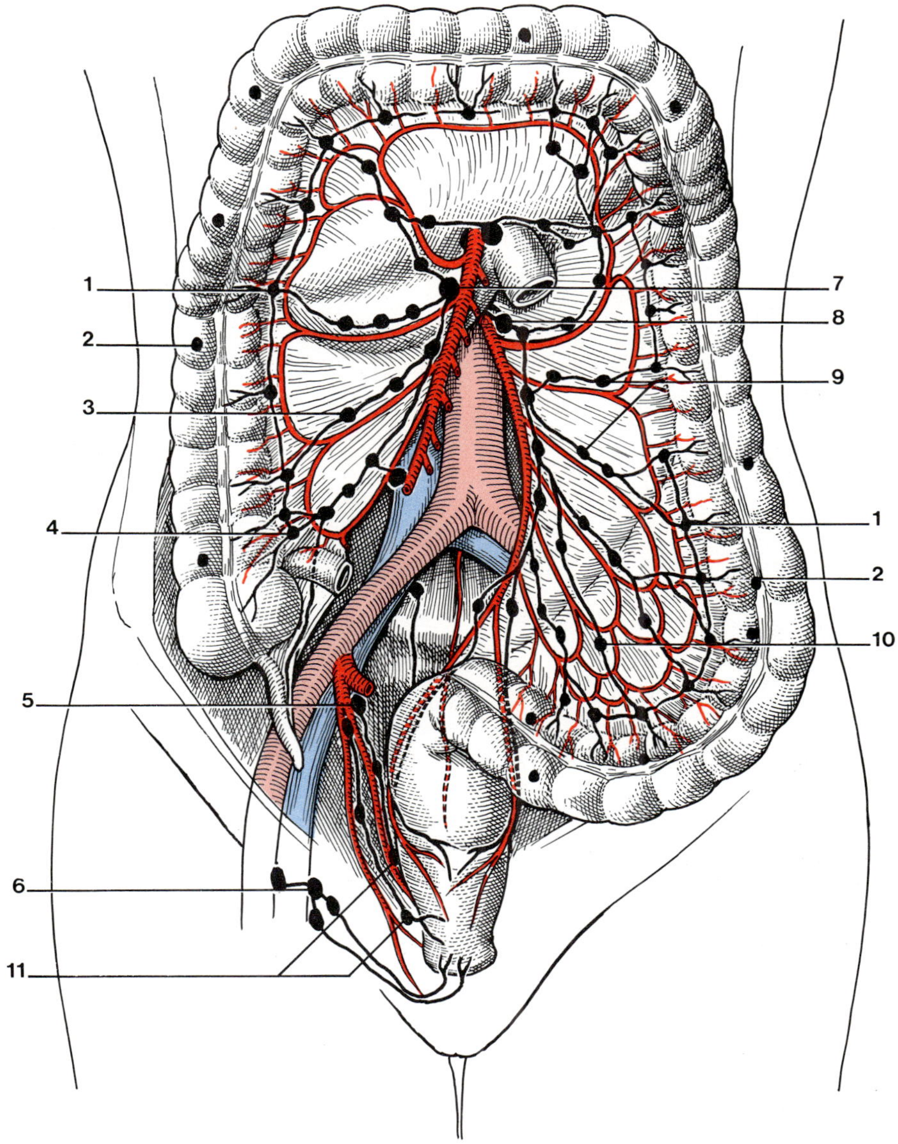

Vaisseaux lymphatiques du côlon

1 - Nœuds paracoliques
2 - Nœuds épicoliques
3 - Nœuds mésocoliques droits
4 - Nœuds iléo-coliques
5 - Nœuds iliaques internes
6 - Nœuds inguinaux
7 - Nœuds mésentériques supérieurs
8 - Nœuds mésentériques inférieurs
9 - Nœuds mésocoliques gauches
10 - Nœuds sigmoïdiens
11 - Nœuds pararectaux

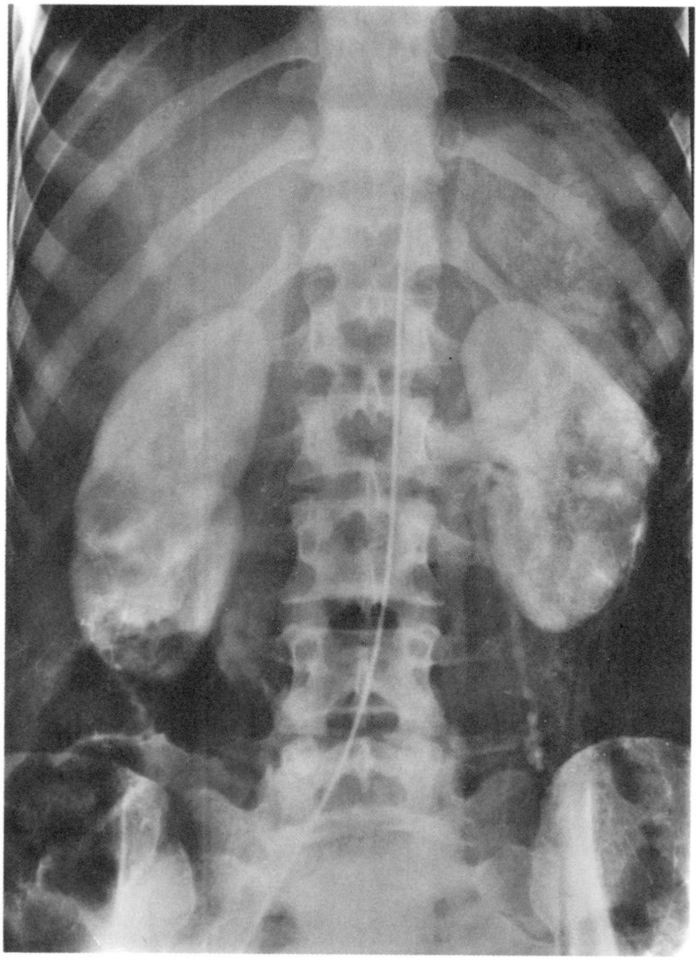

Artériographie rénale
(cliché Dr Ph. Chartier)

17

REIN

Le rein est un organe glandulaire pair dont la fonction principale est la sécrétion de l'urine. Il joue un rôle capital dans la régulation de l'homéostasie.
Le rein est un organe rétropéritonéal, situé dans la région lombaire.

Il fait très souvent l'objet de transplantation.

SOMMAIRE / MOTS-CLÉS

Développement
Organogénèse : *pronéphros, mésonéphros, métanéphros*
Anomalies

Généralités : *situation, forme, couleur et consistance, mesures*

Fascia rénal et moyens de fixité

Rapports
Face postérieure : *segments diaphragmatique et lombaire*
Face antérieure : *rein droit, rein gauche*
Bord latéral : *rein droit, rien gauche*
Bord médial : *hile, partie supra-hilaire, partie infra-hilaire*
Extrémités : *supérieure et inférieure*

Vascularisation
Artères
– Artère rénale et segments rénaux
– Artère de la capsule adipeuse
Veines
Lymphatiques
– Lymphatique intra-rénal
– Lymphatique capsulaire

Innervation

Structure générale
Capsule fibreuse
Parenchyme rénal : *cortex, médulla, lobes et lobules rénaux*
Sinus rénal : *calices mineurs, calices majeurs, pelvis rénal.*

DÉVELOPPEMENT

ORGANOGÉNÈSE

Les ébauches uro-génitales dérivent du mésoblaste intermédiaire et se développent dans le sens crânio-caudal en donnant successivement trois organes : le pronéphros, le mésonéphros et le métanéphros.

1. Le pronéphros situé dans la région cervicale, apparaît et disparaît au cours de la 4e semaine.

2. Le mésonéphros apparaît à la fin de la 4e semaine dans la région thoraco-lombaire. les tubules mésonéphriques étagés s'ouvrent dans le conduit mésonéphrique[1], qui s'abouche dans le cloaque.
Seuls quelques tubules et le conduit mésonéphrique persistent pour former : chez l'homme : les conduits génitaux, et chez la femme : les reliquats vestigiaux.

3. Le métanéphros[2] apparaît dans la région caudale vers la 5e semaine. Il se développe à partir de deux structures d'origines différentes : le *diverticule métanéphrique*[3] et le *blastème métanéphrogénique.*

a) Le diverticule métanéphrique naît de la partie distale du conduit mésonéphrique et s'accroît dans le sens dorso-crânial. Il donne naissance à l'uretère, au pelvis rénal, aux calices et aux conduits collecteurs.

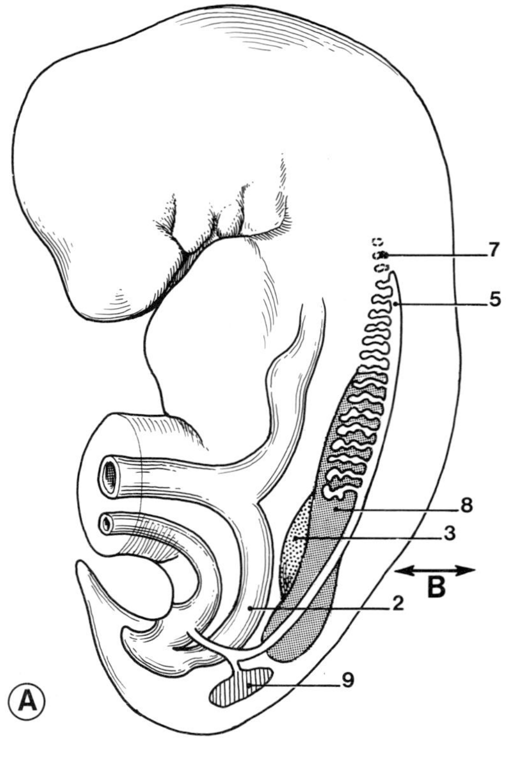

Ébauches urogénitales d'un embryon de 5 semaines
(coupe schématique sagittale)
1 - Pronéphros
2 - Conduit mésonéphrique
3 - Mésonéphros
4 - Crête gonadale
5 - Intestin primitif
6 - Métanéphros
7 - Sinus urogénital primitif
8 - Allantoïde

1. Ancien. : canal de Wolff.
2. Ancien. : rein permanent.
3. Ancien. : bourgeon urétral.

b) Le blastème métanéphrogénique dérive du mésoblaste. Il se fragmente en « coiffes métanéphrogéniques » qui recouvrent les extrémités des conduits collecteurs.
Chaque « coiffe » métanéphrogénique se différencie en *vésicules métanéphrogéniques,* puis en *tubules métanéphrogéniques.* L'extrémité distale de chaque tubule s'élargit et s'invagine pour former la *capsule glomérulaire.*
Le blastème métanéphrogénique donne ainsi le néphron et la capsule rénale.

ANOMALIES

1. L'agénésie rénale

- L'agénésie bilatérale est léthale dans les premiers jours de naissance.
- L'agénésie unilatérale s'accompagne souvent d'agénésie partielle ou totale des organes génitaux homolatéraux.

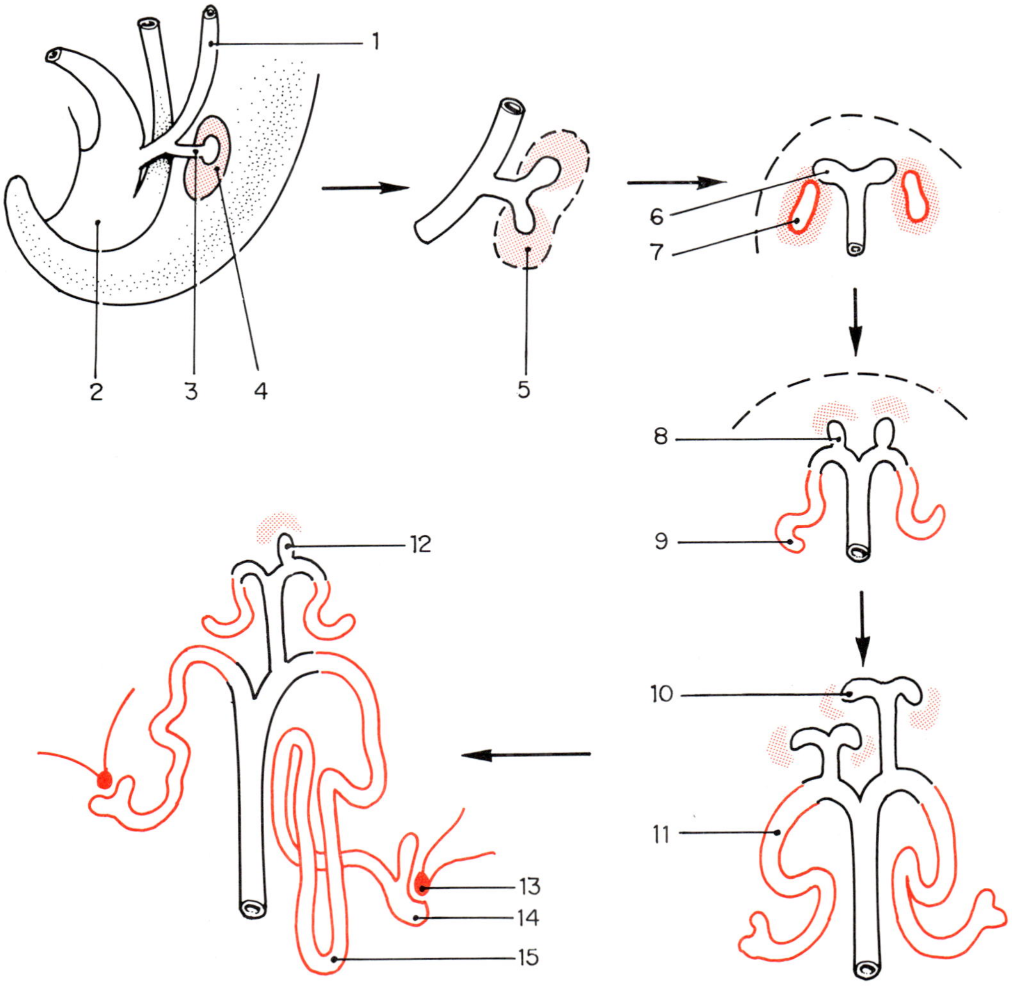

Développement du néphron

1 - Conduit paramésonéphrique
2 - Cloaque
3 - Diverticule métanéphrique
4 - Blastème métanéphrogénique
5 - Coiffe métanéphrogénique
6 - 1re génération de tube collecteur (T.C.)
7 - Vésicule métanéphrogénique
8 - 2e génération de T.C.
9 - Tubule métanéphrogénique
10 - 3e génération de T.C.
11 - Tubule contourné
12 - Autre génération de T.C.
13 - Glomérule
14 - Capsule glomérulaire
15 - Tubules rénaux droits

2. Le rein polykystique
Il résulterait d'une anomalie du développement des conduits collecteurs.

3. Les reins doubles
La fusion des reins doubles est plus ou moins complète.

4. Les reins ectopiques
Il peut s'agir parfois de rein surnuméraire. Ils siègent souvent dans le pelvis.

5. Le rein en fer à cheval
Il résulte de la fusion d'une des extrémités homologues du rein.

GÉNÉRALITÉS

SITUATION

Les reins sont situés de chaque côté de la colonne vertébrale à la hauteur de la vertèbre thoracique T11 au disque L2-L3.
Chaque rein est orienté obliquement en bas et latéralement.
Dans le plan horizontal, il fait avec le plan sagittal un angle postérieur de 40° à 60°.

FORME

Le rein a la forme d'un haricot, avec :
- un bord latéral convexe, et un bord médial concave, présentant à sa partie moyenne, le hile du rein ;
- deux faces postérieure et antérieure ;
- deux extrémités inférieure et supérieure.

COULEUR ET CONSISTANCE

Rouges bruns, les reins sont de consistance ferme.

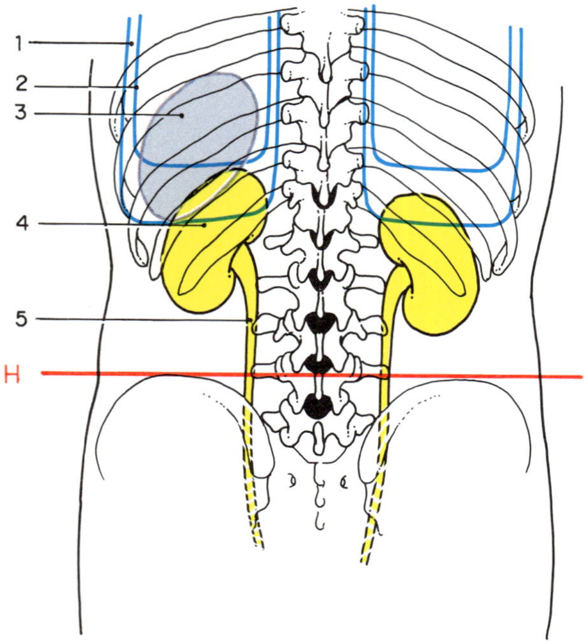

Paroi dorsale de l'abdomen. Anatomie de surface
H - Ligne supra-crétale
1 - Plèvre
2 - Poumon
3 - Rate
4 - Rein gauche
5 - Uretère

MESURES

- Il pèse environ 140 g chez l'homme et 125 g chez la femme.
- Sa longueur est de 12 cm ; sa largeur de 6 cm, et son épaisseur de 3 cm.

FASCIA RÉNAL ET MOYENS DE FIXITÉ

Le rein et la surrénale sont enveloppés par le fascia rénal qui délimite une loge rénale entièrement close.

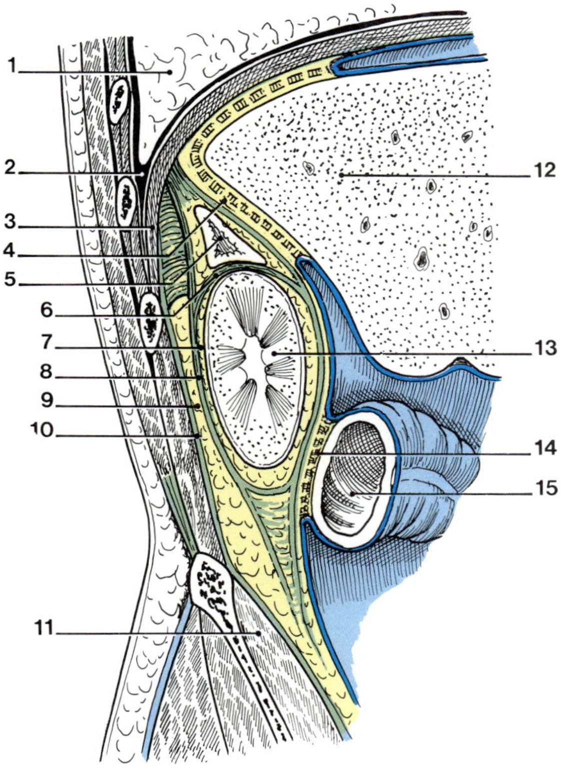

Fascia rénal
(coupe sagittale de la région rénale droite)
1 - Poumon droit
2 - Sinus costo-phrénique
3 - Diaphragme
4 - Ligament coronaire du foie
5 - Glande surrénale droite
6 - Lame intersurréno-rénale
7 - Capsule adipeuse du rein
8 - Lame rétro-rénale
9 - Graisse para-rénale
10 - Fascia transversalis
11 - M. iliaque
12 - Foie
13 - Rein droit
14 - Mésocôlon ascendant
15 - Angle colique droit

FASCIA RÉNAL

Condensation de la capsule adipeuse du rein, ce fascia est constitué de deux lames, antérieure et postérieure.
Elles se fixent sur les bords du hile et se prolongent avec la gaine vasculaire de l'aorte et de la veine cave inférieure. La lame postérieure est adhérente au fascia diaphragmatique et séparée du fascia des mm. carré des lombes et psoas par le corps adipeux para-rénal.
Ce corps adipeux diminue au cours de l'amaigrissement.

LOGE RÉNALE

Une lame inter-surréno-rénale sépare la surrénale du rein entouré d'un tissu cellulo-graisseux, la capsule adipeuse du rein.
Des trabécules fibreuses unissent le fascia rénal à la capsule rénale et cloisonnent la capsule adipeuse.

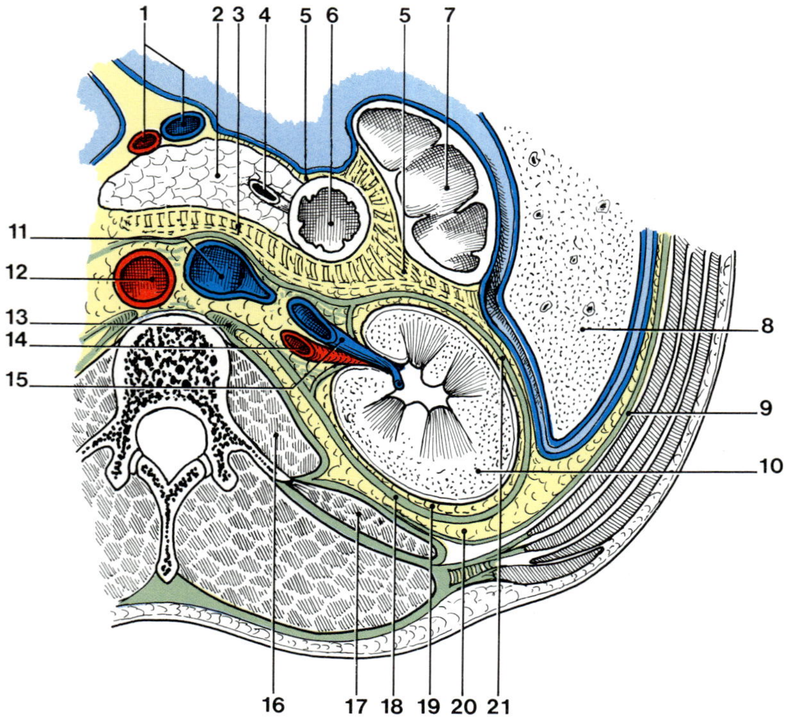

Fascia rénal
(coupe transversale de la région rénale droite)
1 - A. et v. mésentériques sup.
2 - Pancréas
3 - Mésoduodénum
4 - Conduit cholédoque
5 - Mésocôlon ascendant
6 - Partie descendante du duodénum
7 - Côlon ascendant
8 - Foie
9 - Fascia transversalis
10 - Rein droit
11 - V. cave inférieure
12 - Aorte
13 - Pilier droit du diaphragme
14 - A. rénale droite
15 - V. rénale droite
16 - M. grand psoas
17 - M. carré des lombes
18 - Lame rétrorénale du fascia rénal
19 - Capsule adipeuse du rein
20 - Graisse pararénale
21 - Lame prérénale du fascia rénal

MAINTIEN DU REIN DANS SA LOGE

Il dépend essentiellement de la pression abdominale qui relève elle-même de la tonicité de la paroi abdominale.

RAPPORTS

FACE POSTÉRIEURE

Elle correspond à la voie classique d'abord chirurgical du rein. Elle comprend deux segments, diaphragmatique et lombaire.

1. Le segment diaphragmatique

Le rein est successivement, et d'avant en arrière, en rapport avec :

- Le diaphragme, en regard du ligament arqué latéral et du hiatus costo-lombaire. Ce hiatus met en communication le corps adipeux para-rénal et le fascia phrénico-pleural.
- Le récessus pleural costo-diaphragmatique.
- Les côtes 11 et 12 à droite et 12 à gauche.

2. Le segment lombaire

Il comprend d'avant en arrière :

- Le corps adipeux para-rénal.
- Les fascias des mm. psoas et carré des lombes. Sur le fascia du carré des lombes cheminent les nerfs subcostal, ilio-hypogastrique et ilio-inguinal.
- Le fascia thoraco-lombaire et le m. transverse de l'abdomen.

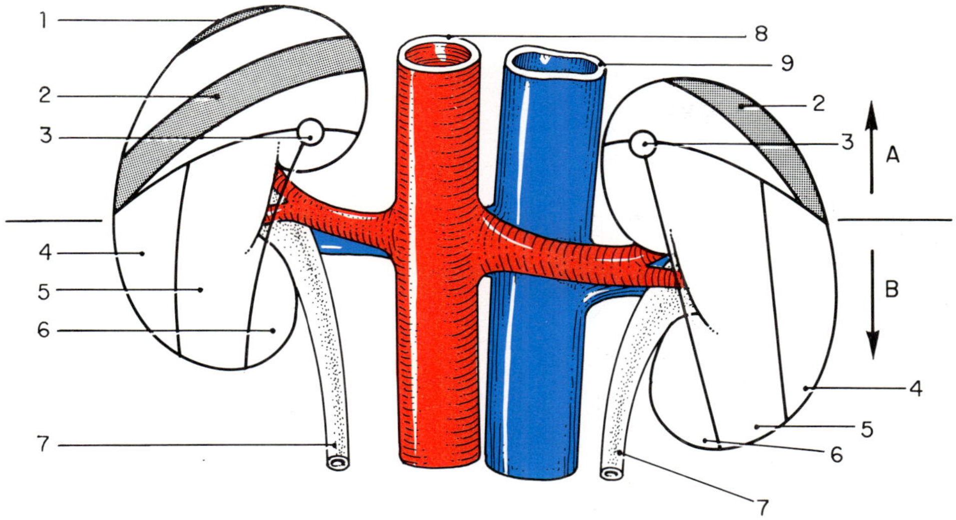

Surfaces correspondant aux rapports postérieurs des reins

A - Segment thoracique
B - Segment lombaire
1 - 11e côte
2 - 12e côte
3 - Processus transverse de L1
4 - Surface du m. transverse
5 - Surface du m. carré des lombes
6 - Surface du m. psoas
7 - Uretère
8 - Aorte
9 - V. cave inf.

FACE ANTÉRIEURE

1. Le rein droit
Il est en rapport avec :
- l'angle colique droit, à sa partie inférieure ;
- la partie descendante du duodénum, le long de son bord médial ;
- la face viscérale du lobe droit du foie, au niveau des surfaces restantes.

2. Le rein gauche
Il répond :
- dans sa partie moyenne, à l'extrémité gauche du côlon transverse ;
- dans sa partie supérieure, à la rate et à la queue du pancréas ;
- dans sa partie inférieure, aux anses jéjunales.

BORD LATÉRAL

1. Le bord latéral du rein droit est longé par le foie.

2. Le bord latéral du rein gauche répond à l'angle colique gauche et au ligament phrénico-colique.

BORD MÉDIAL
Sa partie moyenne correspond au hile rénal.

1. Le hile
Il représente l'orifice d'entrée du sinus rénal. C'est une fente longitudinale d'environ 4 cm de longueur et 1 cm de largeur.

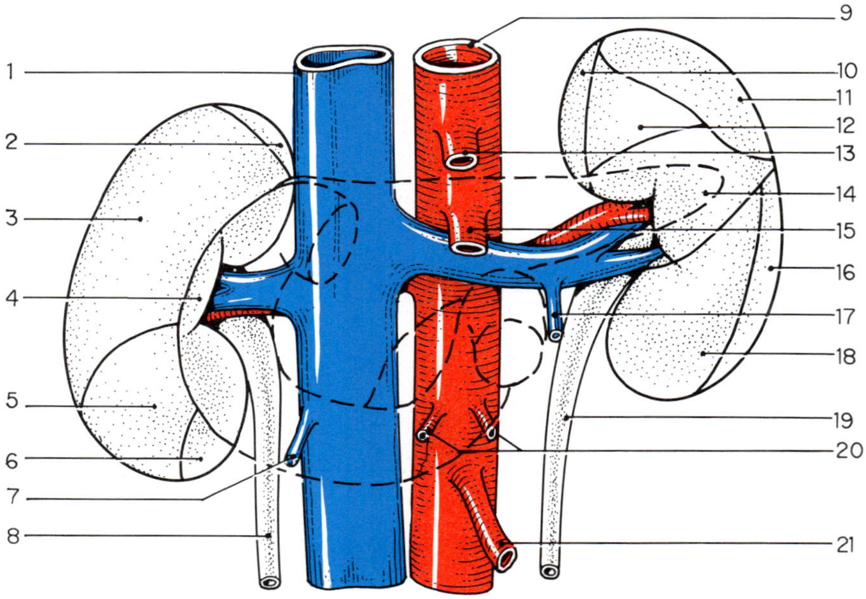

Surfaces correspondant aux rapports antérieurs des reins

1 - V. cave inf.
2 - Surface de la surrénale droite
3 - Surface hépatique
4 - Surface duodénale
5 - Surface colique droite
6 - Surface mésocolique
7 - V. testiculaire ou ovarique droites
8 - Uretère droit
9 - Aorte
10 - Surface de la surrénale gauche
11 - Surface de la rate
12 - Surface gastrique
13 - Tronc cœliaque
14 - Surface pancréatique
15 - A. mésentérique sup.
16 - Surface colique gauche
17 - Surface jéjunale
18 - Uretère gauche
19 - Aa. ovariques ou testiculaires
20 - A. mésentérique inf.

2. La partie supra-hilaire
Elle est en rapport avec la glande surrénale.

3. La partie infra-hilaire
Elle est longée par l'uretère.

EXTRÉMITÉS

1. L'extrémité supérieure
Elle est en rapport avec la glande surrénale.

2. L'extrémité inférieure
Elle est à distance des crêtes iliaques. Cette distance est de 4 cm à droite et 5 cm à gauche.

VASCULARISATION

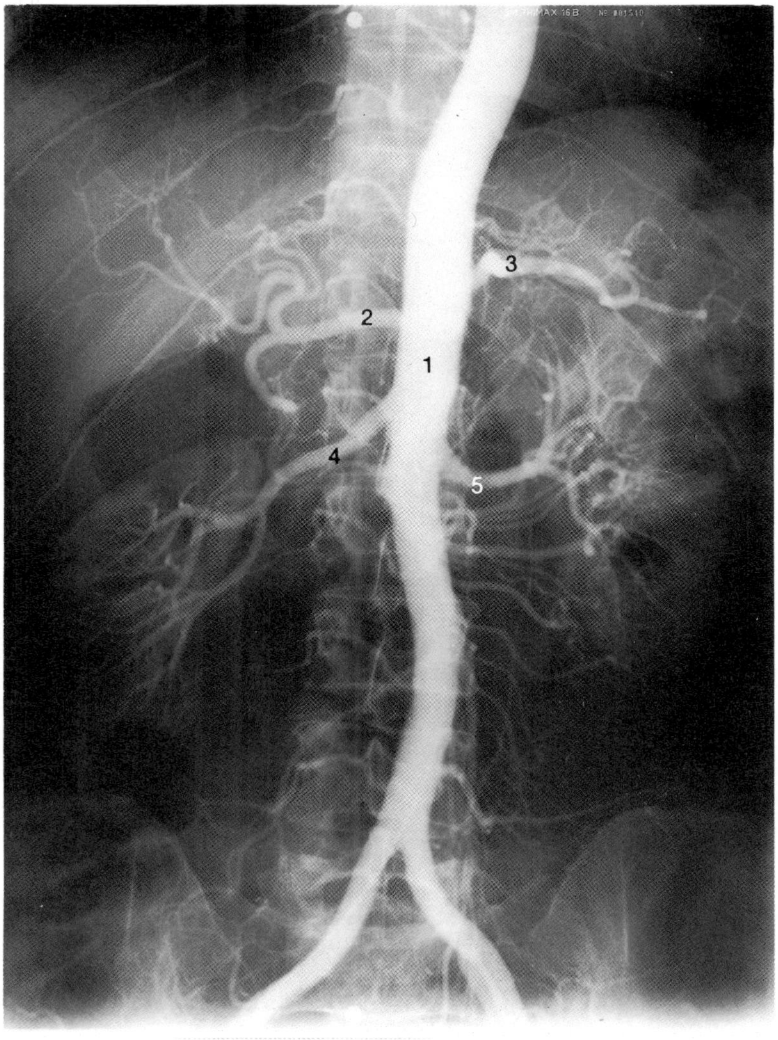

Aortographie
(cliché Dr Ph. Chartier)
1 - Aorte
2 - A. hépatique commune
3 - A. splénique
4 - A. rénale droite
5 - A. rénale gauche

ARTÈRES

1. L'artère rénale et les segments rénaux

La distribution artérielle, de type terminale, permet de diviser le rein en cinq segments importants en chirurgie conservatrice : les segments supérieur, inférieur, antéro-supérieur, antéro-inférieur et postérieur.
L'artère se divise au voisinage du hile généralement en deux branches antérieure et postérieure qui donnent les aa. segmentaires [1].

1. Les variations artérielles sont très importantes d'un rein à l'autre. Les aa. segmentaires peuvent être soit une branche primaire de l'a. rénale, soit une branche secondaire, comme dans la description ci-dessus.

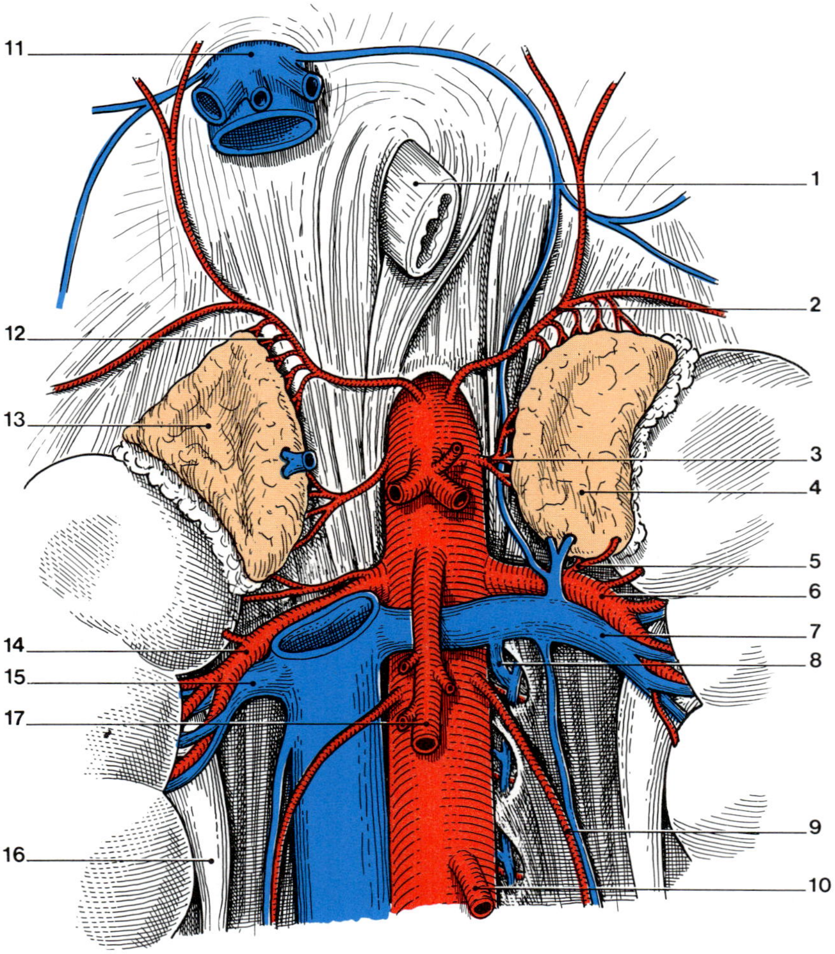

Vaisseaux du rein et de la glande surrénale

1 - Œsophage abdominal
2 - A. phrénique gauche
3 - A. surrénale moyenne
4 - Glande surrénale gauche
5 - A. surrénale inférieure
6 - A. rénale gauche
7 - V. rénale gauche
8 - Anastomose avec la veine hémi-azygos
9 - Vaisseaux testiculaires ou ovariques
10 - A. mésentérique inférieure
11 - V. cave inférieure
12 - Aa. surrénales supérieures
13 - Glande surrénale droite
14 - A. rénale droite
15 - V. rénale droite
16 - Uretère droit
17 - A. mésentérique supérieure

a) La branche antérieure croise la face antérieure du pelvis rénal pour donner les artères des segments supérieur, antéro-supérieur, antéro-inférieur et inférieur.

b) La branche postérieure contourne le bord supérieur du pelvis rénal pour longer le bord postérieur du hile du rein. Elle donne des rameaux au segment postérieur.

c) Les aa. segmentaires donnent chacune des aa. interlobaires qui se terminent en aa. arquées au-dessus des pyramides rénales. Des aa. arquées et interlobaires, se détachent les aa. interlobulaires (voir structure).

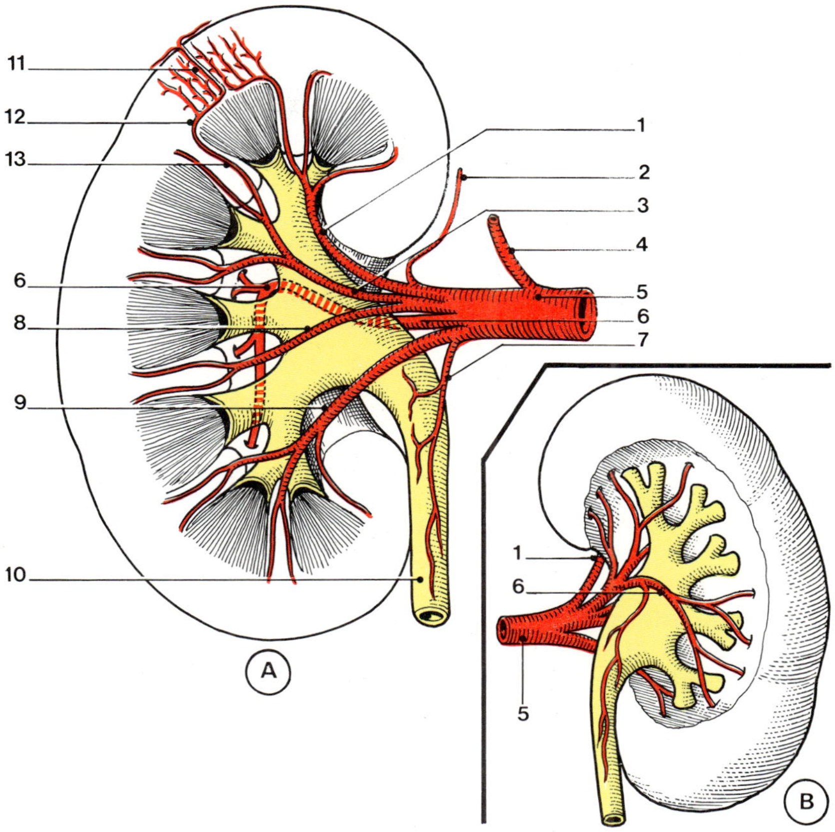

Branches de l'artère rénale

A - Vue antérieure
B - Vue postérieure
1 - A. segmentaire supérieure
2 - Rameau capsulo-adipeux
3 - A. segmentaire antéro-supérieure
4 - A. surrénale inférieure
5 - A. rénale
6 - A. segmentaire postérieure
7 - A. rameau urétérique
8 - A. segmentaire antéro-inférieure
9 - A. segmentaire inférieure
10 - Uretère
11 - Artériole interlobulaire
12 - A. arquée
13 - Artériole interlobaire

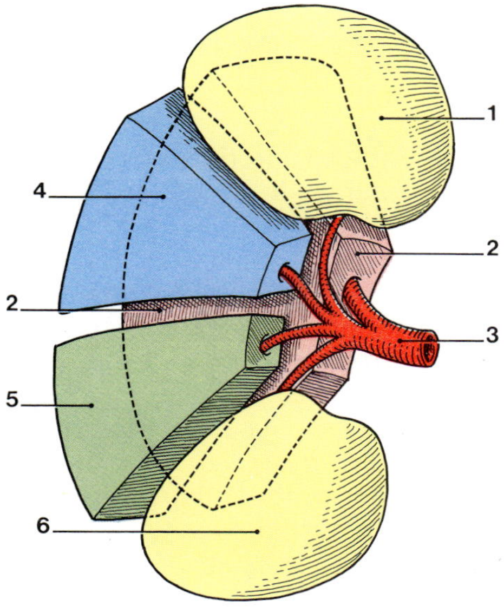

Segments du rein
(vue antérieure schématique)
1 - Segment sup.
2 - Segment post.
3 - A. rénale
4 - Segment antéro-supérieur
5 - Segment antéro-inférieur
6 - Segment inférieur

2. Les artères de la capsule adipeuse

Elle proviennent de l'a. rénale, des aa. surrénales et de l'a. testiculaire ou ovarique ; parfois, elles naissent des aa. coliques droite et gauche, des aa. lombaires et de l'aorte.
Elles constituent dans la capsule adipeuse un fin réseau artériel exo-rénal.

VEINES

Chaque veine rénale, droite et gauche, constitue le collecteur veineux final d'un rein.
Chaque veine rénale naît de l'union des veines segmentaires au niveau du hile rénal.
Une veine segmentaire collecte des interlobaires qui drainent les veines arquées situées à la base des pyramides rénales.
Les vv. interlobaires et arquées reçoivent les vv. droites et interlobulaires. Ces dernières collectent les vv. intra-lobulaires et les veinules stellaires situées sous la capsule rénale.

LYMPHATIQUES

Les lymphatiques du rein naissent de deux plexus d'origine : les plexus lymphatiques intra-rénal et capsulaire.

1. Le plexus lymphatique intra-rénal

Il entoure les tubules rénaux et se collecte dans le hile en 4 ou 5 troncs qui accompagnent la veine rénale ; ils aboutissent aux nœuds latéro-aortiques et latéro-caves.

2. Le plexus lymphatique capsulaire

Il est situé dans les capsules fibreuse et adipeuse du rein qui rejoignent au niveau du hile, les collecteurs intra-rénaux.
Ils peuvent s'anastomoser avec les lymphatiques des angles coliques.

INNERVATION

Les nœuds proviennent du plexus rénal formé de neurofibres issues des ganglions cœliaques et aortico-rénaux.
Le plexus rénal est dense surtout à la face postérieure de l'a. rénale. Dans le rein les nerfs accompagnent les rameaux artériels et les tubules rénaux jusqu'aux glomérules.

STRUCTURE GÉNÉRALE

Le rein est constitué du parenchyme rénal entouré d'une capsule fibreuse et creusé du sinus rénal. Le parenchyme comprend deux parties, l'une externe, le cortex et l'autre interne, la médulla.
Le parenchyme est constitué essentiellement d'unités anatomiques et fonctionnelles, *les néphrons.* Au nombre d'un million environ par rein, le néphron est une formation très complexe comprenant : une capsule glomérulaire, un tubule contourné proximal, un tubule droit proximal, une anse du néphron, un tubule droit distal et un tubule contourné distal.

CAPSULE FIBREUSE

Cette enveloppe fibreuse contient quelques fibres élastiques et musculaires lisses.
Unie au parenchyme sous-jacent par quelques trabécules ténus, elle est facilement détachable.
Elle tapisse aussi le sinus rénal et se continue avec les calices mineurs.

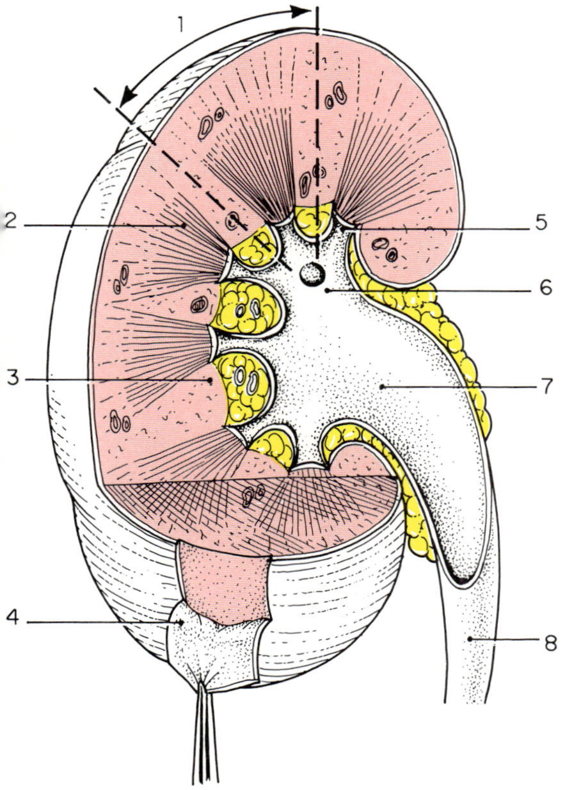

Structure du rein
1 - Lobe rénal
2 - Pyramides rénales
3 - Colonnes rénales
4 - Capsule fibreuse
5 - Petit calice
6 - Grand calice
7 - Pelvis rénal
8 - Uretère

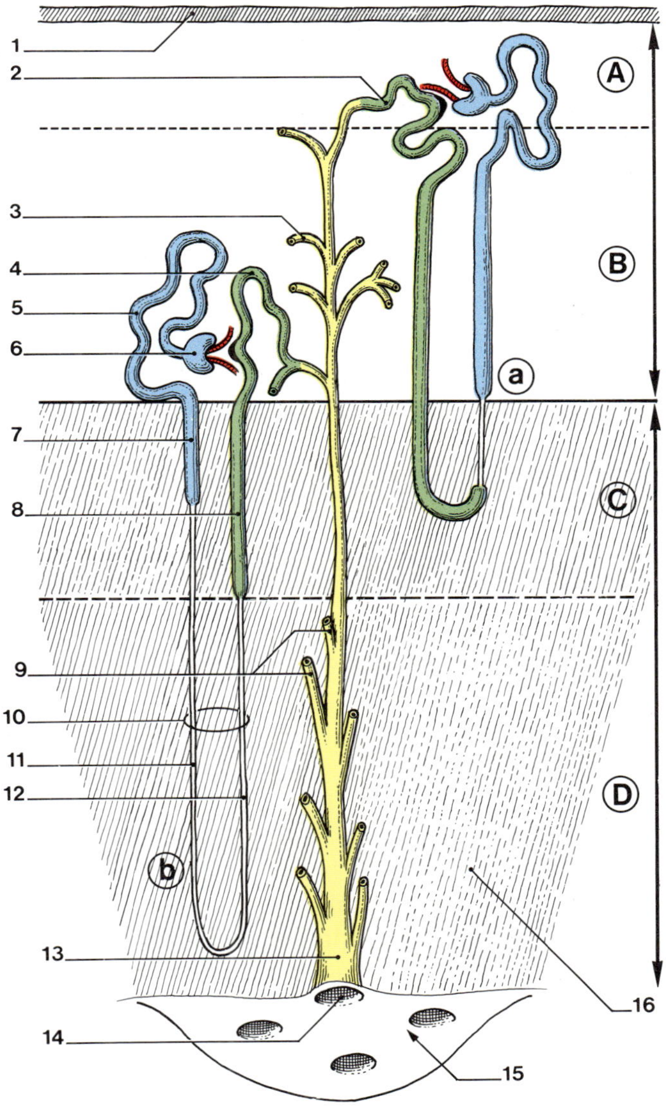

Néphron - constitution schématique
(bleu : partie proximale du néphron ;
vert : partie distale ;
jaune : conduits collecteurs).
I - Cortex
II - Médulla
A - Zone externe du cortex
B - Zone juxtamédullaire du cortex
C - Zone externe de la médulla
D - Zone interne de la médulla
a - Néphron court ou cortical
b - Néphron long ou juxtamédullaire
1 - Capsule
2 - Partie d'union
3 - Tubule rénal arqué
4 - Tubule contourné distal
5 - Tubule contourné proximal
6 - Corpuscule glomérulaire
7 - Partie droite du tubule proximal
8 - Partie droite du tubule distal
9 - Tubule rénal droit
10 - Anse du néphron
11 - Partie descendante de l'anse
12 - Partie ascendante de l'anse
13 - Conduit papillaire
14 - Foramen papillaire
15 - Aire criblée
16 - Pyramide

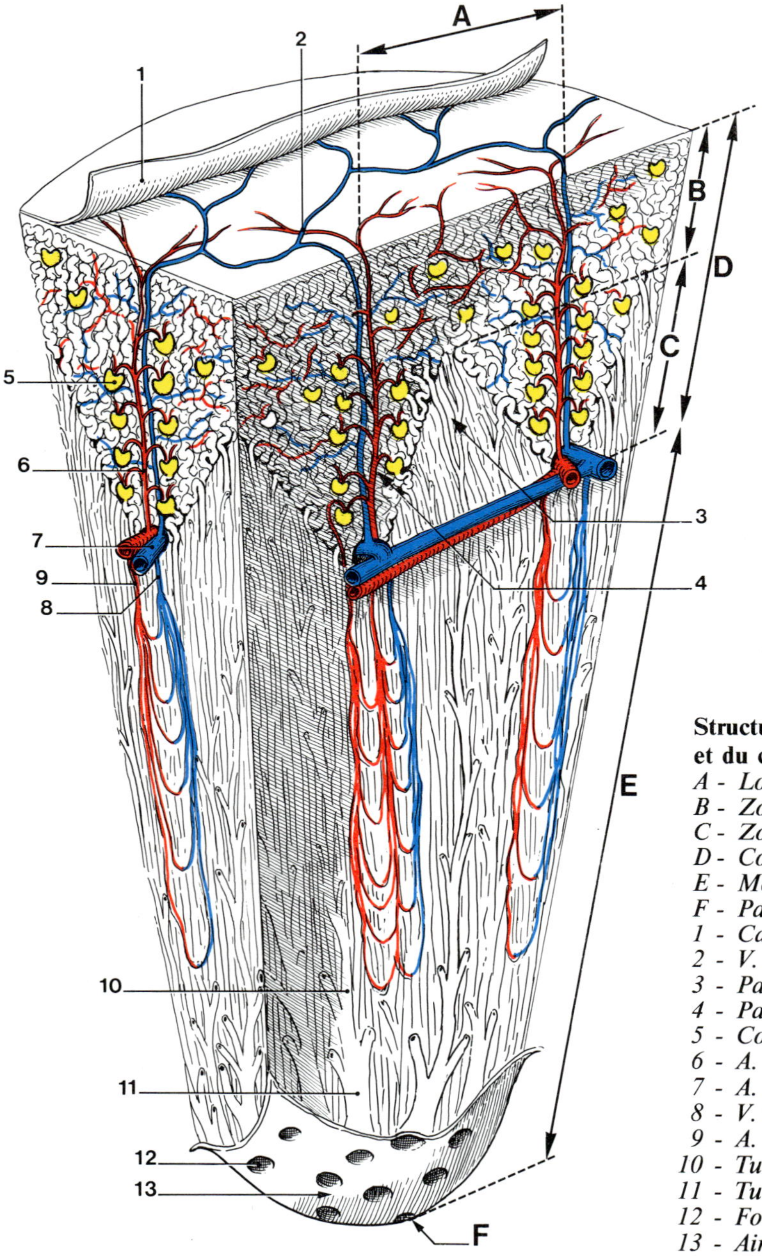

Structure d'une pyramide rénale et du cortex rénal
A - Lobule rénal
B - Zone externe du cortex
C - Zone juxta-médullaire
D - Cortex
E - Médulla
F - Papille
1 - Capsule
2 - V. étoilée
3 - Partie radiée du lobule
4 - Partie contournée du lobule
5 - Corpuscule rénal
6 - A. et v. interlobulaires
7 - A. et v. arquées
8 - V. droite
9 - A. droite
10 - Tubule rénal droit
11 - Tubule rénal collecteur
12 - Foramen papillaire
13 - Aire criblée

PARENCHYME RÉNAL

1. Le cortex

D'aspect brun rouge et granuleux, le cortex se prolonge entre les pyramides, en constituant les colonnes rénales. Il comprend deux couches : la zone externe, périphérique et la zone interne juxta médullaire.

Le cortex compris entre la base des pyramides et la capsule rénale est subdivisé en lobules rénaux.

2. La médulla

Elle est constituée d'une série de tissus pâles et striés, les *pyramides rénales.* Les pyramides sont séparées entre elles par les *colonnes rénales.* Chaque pyramide présente un sommet interne, la papille rénale et une base externe.

3. Lobes et lobules rénaux

Le rein est formé d'environ 7 à 13 lobes, plus apparents sur le rein fœtal. Chaque lobe est défini par une pyramide rénale et la portion de cortex adjacente à sa base. Le lobule rénal est une subdivision du cortex déterminée par des stries radiaires prolongeant celles de la médulla. Chaque lobule est formé de 2 parties, l'une centrale, *la partie radiée*[1], l'autre périphérique, *la partie contournée*[2].

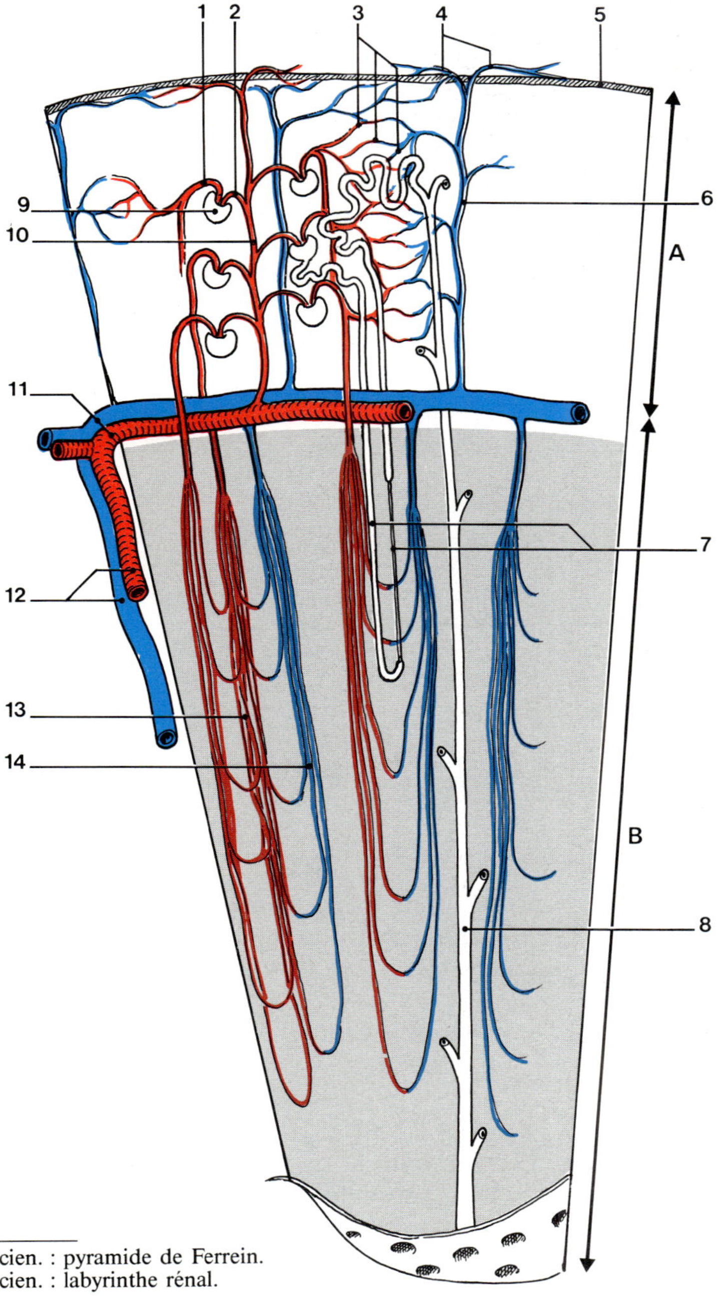

Vaisseaux du parenchyme rénal
A - Cortex
B - Médulla
1 - A. glomérulaire efférente
2 - A. glomérulaire afférente
3 - Plexus capillaire cortical
4 - Vv. stellaires
5 - Capsule fibreuse
6 - V. interlobulaire
7 - Anse du néphron
8 - Tubule rénal collecteur
9 - Corpuscule rénal
10 - Artériole interlobulaire
11 - A. et v. arqués
12 - A. et v. interlobaires
13 - Artériole droite
14 - Veinule droite.

1. Ancien. : pyramide de Ferrein.
2. Ancien. : labyrinthe rénal.

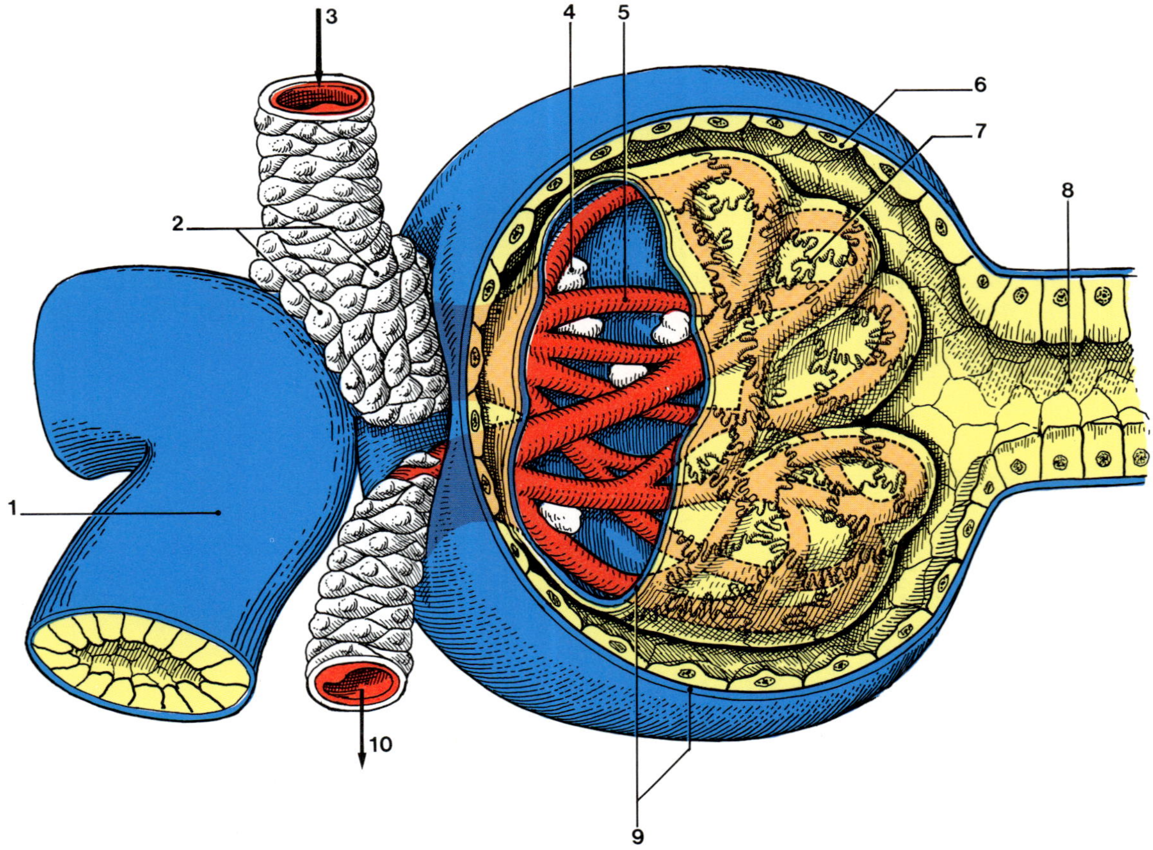

Glomérule du rein

1 - Tubule contourné distal
2 - Cellules juxta-glomérulaires
3 - Artériole afférente
4 - Cellule mésangiale
5 - Réseau capillaire glomérulaire
6 - Capsule du glomérule
7 - Podocytes
8 - Tubule proximal
9 - Membrane basale
10 - Artériole efférente

LE SINUS RÉNAL

Cette cavité s'ouvre par le hile rénal et contient les vaisseaux rénaux, les calices et le pelvis rénal. Sur sa paroi saillent les papilles rénales.

1. Les calices mineurs

Ce sont des entonnoirs membraneux de 5 à 15 mm de long. Chaque calice se fixe par sa patrie évasée autour d'une papille rénale ou plus. Leur nombre varie de 9 à 12.

2. Les calices majeurs

Ils sont formés par la confluence de 3 ou 4 calices mineurs. Ils sont généralement au nombre de 3 : supérieur, inférieur et moyen.

3. Le pelvis rénal[1]

Il est formé par la réunion des calices majeurs. C'est un entonnoir aplati dont le sommet inférieur se prolonge par l'uretère. De forme très variée, il présente une base située dans le sinus rénal et un sommet en général hors du hile rénal. Sa base mesure environ 20 à 25 mm.

1. Ancien. : bassinet.

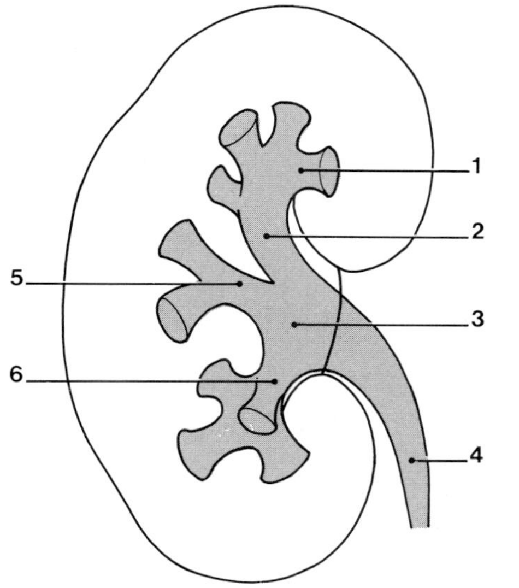

Calices rénaux
1 - Calice rénal mineur
2 - Calice rénal majeur supérieur
3 - Pelvis rénal
4 - Uretère
5 - Calice rénal majeur moyen
6 - Calice rénal majeur inférieur

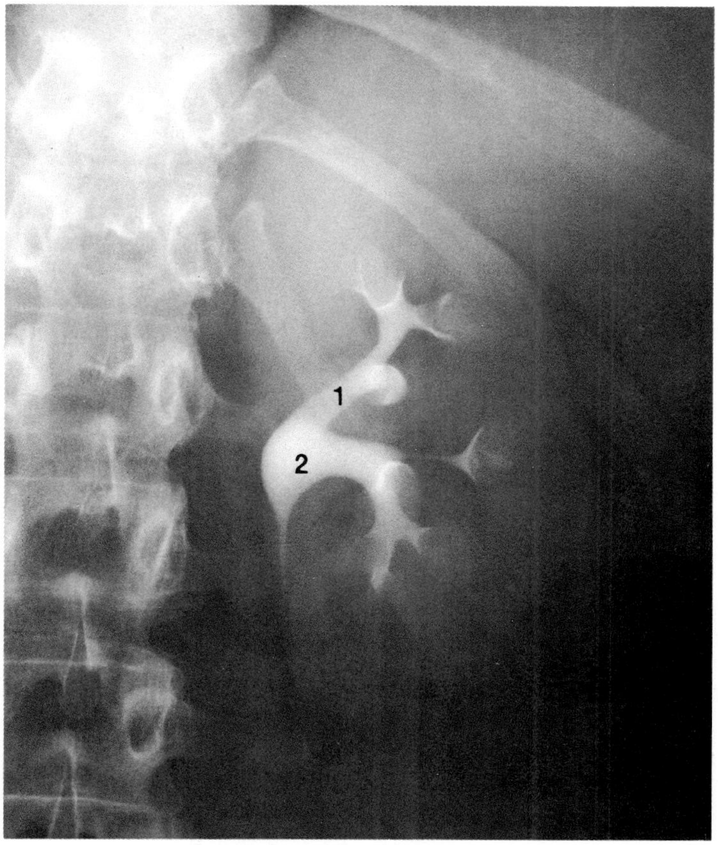

Urographie intra-veineuse
(cliché Dr Ph. Chartier)
1 - Calice rénal majeur
2 - Pelvis rénal
3 - Uretère

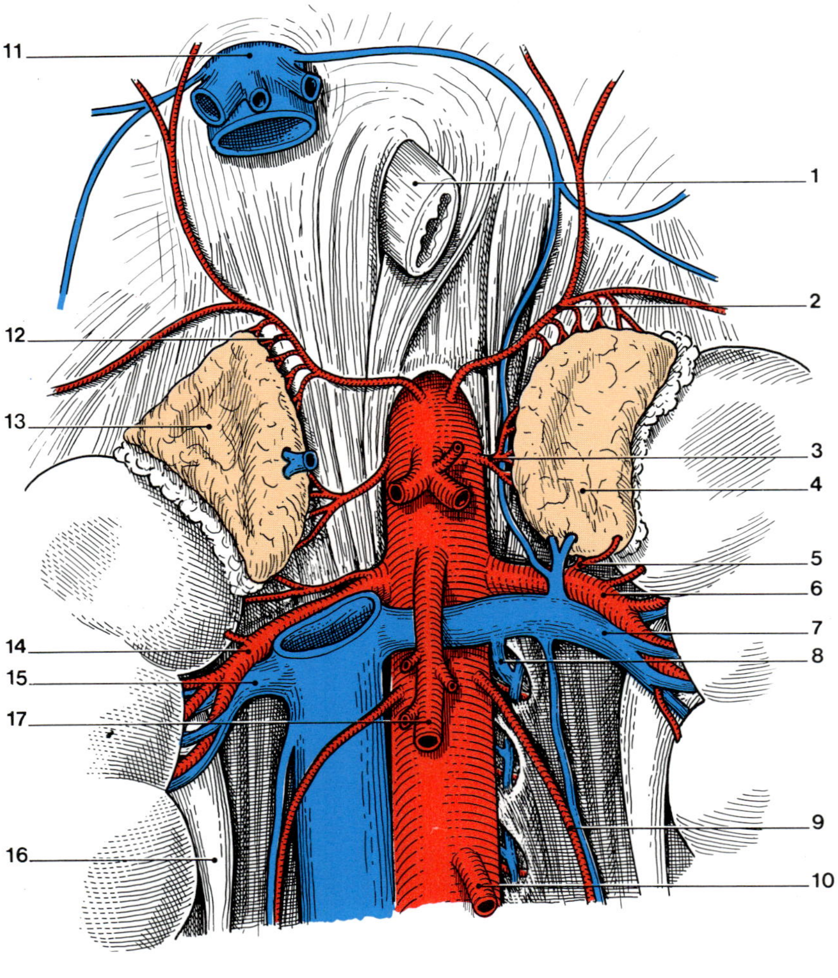

Vaisseaux du rein et de la glande surrénale

1 - Œsophage abdominal
2 - A. phrénique gauche
3 - A. surrénale moyenne
4 - Glande surrénale gauche
5 - A. surrénale inférieure
6 - A. rénale gauche
7 - V. rénale gauche
8 - Anastomose avec la veine hémi-azygos
9 - Vaisseaux testiculaires ou ovariques
10 - A. mésentérique inférieure
11 - V. cave inférieure
12 - Aa. surrénales supérieures
13 - Glande surrénale droite
14 - A. rénale droite
15 - V. rénale droite
16 - Uretère droit
17 - A. mésentérique supérieure

18

GLANDES SURRÉNALES[1] (OU GLANDES ADRÉNALES)

Les glandes surrénales sont des glandes endocrines paires situées sur l'extrémité supérieure des reins.

Leurs dysfonctionnements sont à l'origine en particulier de la maladie d'Addison, du syndrome de Cushing, de la maladie de Conn et de signes d'hyperandrogénie...

SOMMAIRE / MOTS-CLÉS

Développement
Organogénèse : *ébauches mésoblastique et ectoblastique*
Anomalies

Généralités
Situation
Forme
Couleur
Consistance
Mesures

Rapports
Surrénale droite
- Faces antérieure, postérieure et rénale
- Bords supérieur et médial

Surrénale gauche
- Faces antérieure, postérieure et rénale
- Bords supérieur et médial

Vascularisation
Artères : *surrénales supérieure, moyenne et inférieure*
Veines
Lymphatiques

Innervation

Structure
Cortex : *zones glomérulée, fasciculée, réticulée*
Médulla

1. Ou suprarénales.

DÉVELOPPEMENT

ORGANOGÉNÈSE

La glande surrénale est formée de deux ébauches : *une ébauche mésoblastique,* pour le cortex, *une ébauche ectoblastique,* pour la médulla.
Au cours de la 5e semaine du développement, des cellules mésothéliales du mésentère prolifèrent et pénètrent le mésenchyme sous-jacent. Elles se différencient en éléments acidophiles pour former le cortex primitif. Peu après, un second envahissement de cellules mésothéliales pénètre le mésenchyme et entoure les cellules acidophiles. Ces dernières formeront le cortex définitif, le cortex primitif régressant rapidement par la suite.
Simultanément à la formation du cortex primitif, des cellules sympathiques issues des ganglions sympathiques primitifs envahissent la face médiale de la glande surrénale pour donner naissance à la médulla.
La surrénale fœtale est volumineuse par rapport au rein. A la naissance elle représente le tiers du rein.

ANOMALIES

L'absence congénitale d'une glande surrénale est rare. Les glandes surrénales accessoires sont très fréquentes. Il s'agit d'ectopie de cortex surrénalien. Elles se localisent près du rein ou de l'uretère, sur l'aorte, l'ovaire ou le testicule.

GÉNÉRALITÉS

SITUATION

Chaque glande surrénale est enclose dans le fascia rénal mais séparée du rein par un septum conjonctif : le septum inter-surréno-rénal.
La glande surrénale gauche, plus bas située, est supra-hilaire.

FORME

Aplatie sagittalement, la glande surrénale droite est de forme pyramidale. La surrénale gauche est allongée, en virgule renversée. Chaque glande présente : trois faces, antérieure, postérieure et rénale, et deux bords, supérieur et médial.

COULEUR

Sa coloration est jaune brun.

CONSISTANCE

Elle est de consistance molle.

MESURES

Elles pèsent chacune environ 5 g dont un dixième pour la médulla.
Elles mesurent environ : 5 cm de haut, 3 cm de largeur et 1 cm d'épaisseur.

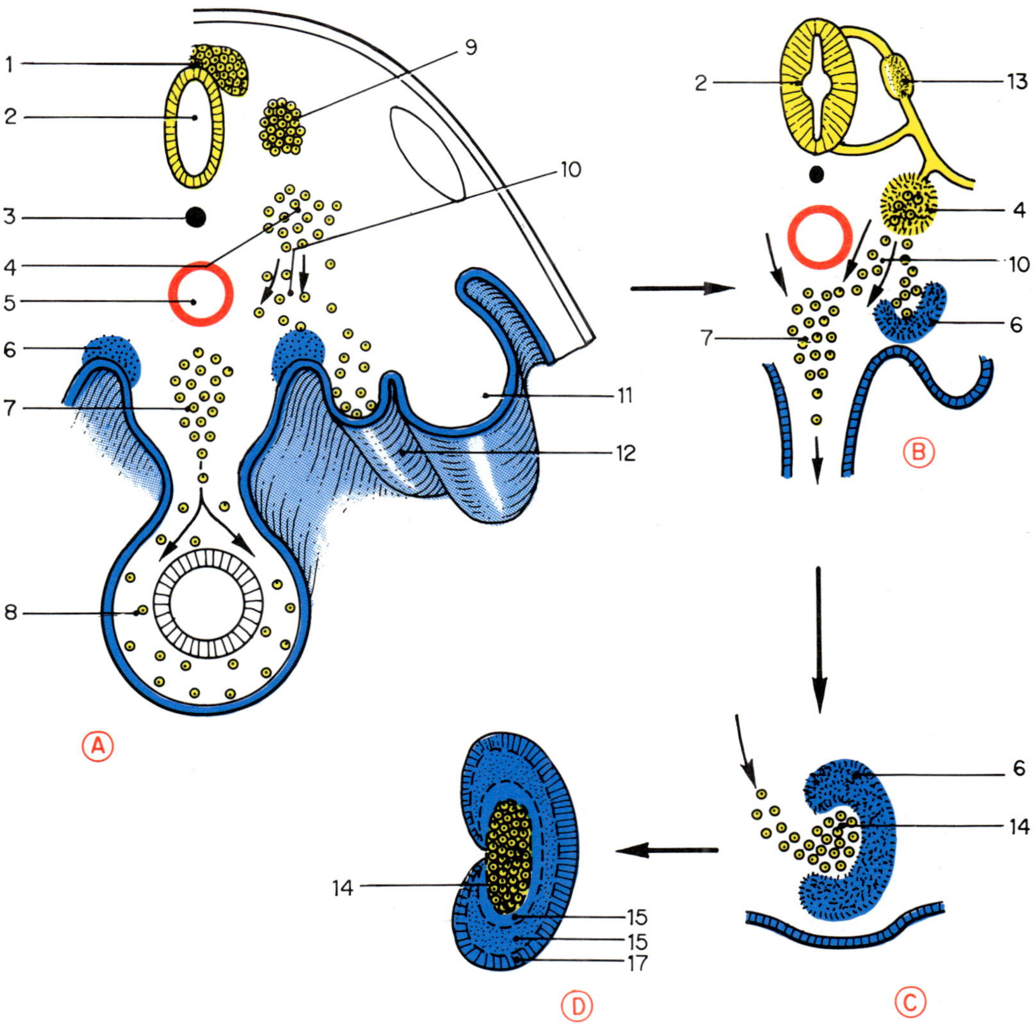

Développement de la glande surrénale
A - Migration des cellules sympathiques (d'après Giroud et Lelièvre)
B - à 1 mois 1/2
C - à 4 mois
1 - Crête neurale
2 - Tube neural
3 - Notochorde
4 - Ganglion du tronc sympathique
5 - Aorte
6 - Site du développement de la glande surrénale (cortex)
7 - Ganglion pré-aortique
8 - Ganglions viscéraux
9 - Ganglion spinal primitif
10 - Migration cellulaire
11 - Mésonéphros
12 - Gonade
13 - Ganglion spinal
14 - Médulla
15 - Zone réticulée
16 - Zone fasciculée
17 - Zone glomérulée

RAPPORTS

SURRÉNALE DROITE

1. La face antérieure
Elle présente le hile en son centre et trois surfaces :
- la surface médiale est au contact de la v. cave inférieure ;
- la surface latérale répond au lobe droit du foie ;
- la surface inférieure, la seule recouverte de péritoine, répond au foie et au duodénum.

2. La face postérieure convexe
Elle répond au diaphragme et au-delà de celui-ci, à la plèvre et aux côtes 10 et 11.

3. La face rénale concave
Elle repose sur le pôle supérieur du rein.

4. Le bord supérieur
Il répond au diaphragme.

5. Le bord médial
Il répond au plexus cœliaque, à l'a. phrénique inférieure droite et au pilier droit du diaphragme.

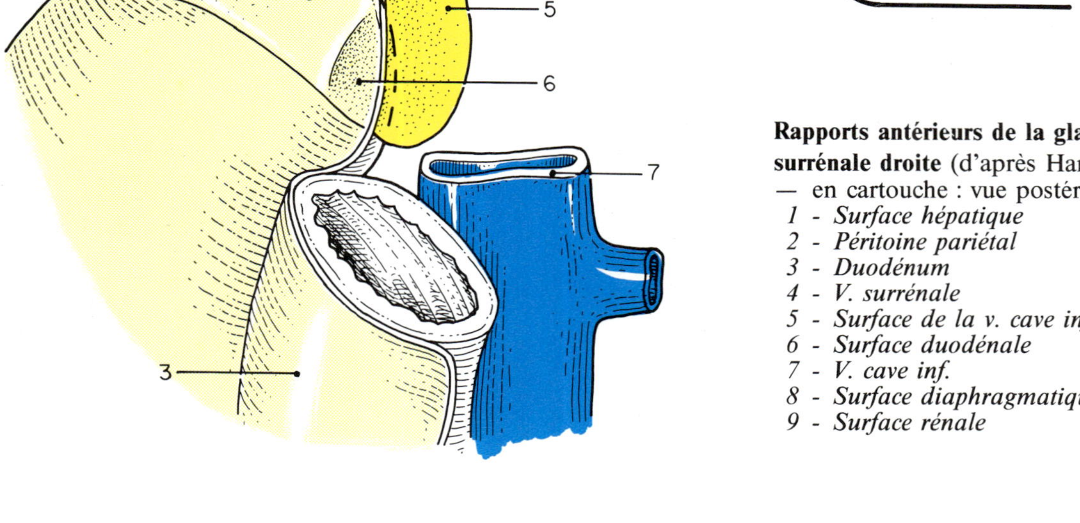

Rapports antérieurs de la glande surrénale droite (d'après Harrison)
— en cartouche : vue postérieure
1 - Surface hépatique
2 - Péritoine pariétal
3 - Duodénum
4 - V. surrénale
5 - Surface de la v. cave inf.
6 - Surface duodénale
7 - V. cave inf.
8 - Surface diaphragmatique
9 - Surface rénale

SURRÉNALE GAUCHE

1. La face antérieure
Elle présente le hile, dans sa partie inférieure, et deux surfaces :
- La surface supérieure, recouverte du péritoine de la bourse omentale, répond au fundus gastrique et parfois à l'extrémité postérieure de la rate.
- La surface inférieure, non péritonisée, répond à la queue du pancréas.

2. La face postérieure concave
Elle répond au pilier gauche du diaphragme.

3. La face rénale
Elle répond au segment supra-hilaire du bord médial du rein.

4. Le bord supérieur
Il répond au diaphragme.

5. Le bord médial
Il répond au plexus cœliaque, à l'aorte et aux aa. phréniques inférieures gauches.

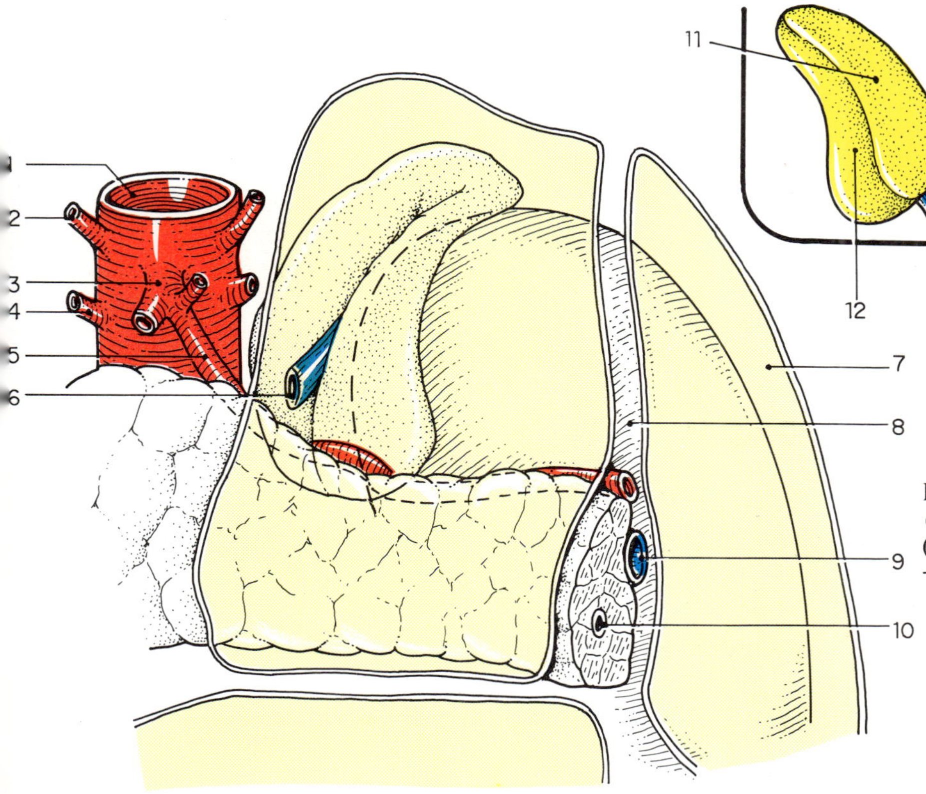

Rapports antérieurs de la glande surrénale gauche
(d'après Harrison)
— en cartouche : face postérieure
1 - Aorte
2 - A. phrénique inf.
3 - Tronc cœliaque
4 - A. surrénale moyenne
5 - A. splénique
6 - V. surrénale
7 - Péritoine pariétal
8 - Rein gauche
9 - V. splénique
10 - Pancréas
11 - Surface diaphragmatique
12 - Surface rénale

VASCULARISATION

ARTÈRES

Elles ont trois origines.

- *Les aa. surrénales supérieures* sont des branches de l'a. phrénique inférieure.
- *L'a. surrénale moyenne* est une branche de l'aorte abdominale.
- *L'a. surrénale inférieure* est une branche de l'artère rénale.

Ces artères se ramifient sur la capsule avant de la traverser pour former un plexus artériel sous capsulaire.

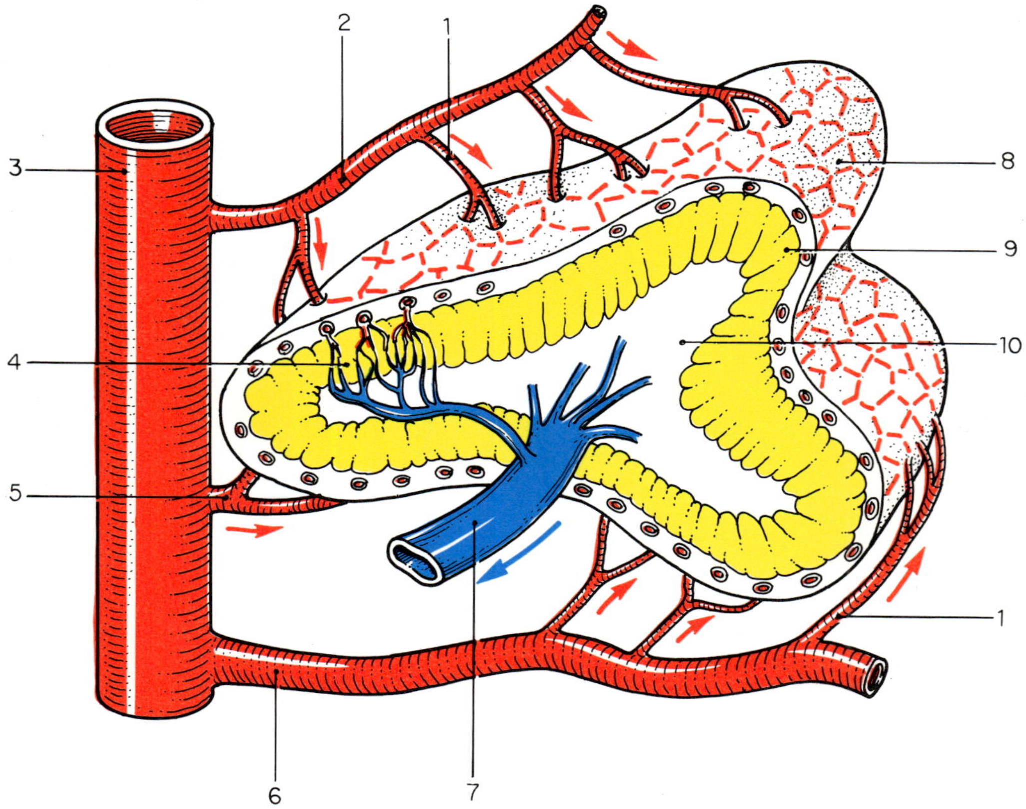

Vascularisation de la surrénale (schématique)

1 - A. surrénale sup.
2 - A. phrénique inf.
3 - Aorte
4 - Réseau capillaire
5 - A. surrénale moyenne
6 - A. rénale
7 - V. surrénale
8 - Plexus artériel sous-capsulaire
9 - Cortex
10 - Médulla
11 - A. surrénale inf.

VEINES

Le plexus veineux de la médulla est drainé dans la veine centrale qui émerge du hile pour devenir la veine surrénale.

- *La v. surrénale droite* rejoint directement la veine cave inférieure, au niveau de sa face postérieure.
- *La v. surrénale gauche* rejoint la veine rénale, au niveau de son bord supérieur.

La veine surrénale principale gauche, s'anastomose avec la veine phrénique inférieure gauche, réalisant une voie de dérivation non négligeable, réno-surréno-phrénique.

LYMPHATIQUES

Ils se drainent dans les nœuds lombaires.

INNERVATION

Les nerfs, extrêmement nombreux, proviennent du plexus cœliaque, des nerfs grand splanchnique et phrénique.
Ils sont très riches en neurofibres sympathiques préganglionnaires myélinisées. Ils se distribuent à la médulla.

STRUCTURE

La glande surrénale est entourée d'une capsule fibreuse et présente deux parties : le cortex, situé sous la capsule, et la médulla, occupant le centre.

CORTEX

De couleur jaune, il est constitué de trois zones qui vont de la superficie vers la profondeur :

1. **La zone glomérulée,** constituée d'amas arrondis ou semi-lunaires de cellules claires.

Elle sécrète les hormones minéralo-corticoïdes et participe au système rénine angiotensine.

2. **La zone fasciculée,** constituée de longs cordons de cellules polygonales.

Elle sécrète les hormones gluco-corticoïdes.

3. **La zone réticulée,** constituée de cordons cellulaires anastomosés.
Elle sécrète les hormones sexuelles androgéniques.

Le cortex est contrôlé par l'hormone ACTH sécrétée par l'adéno-hypophyse.
L'insuffisance cortico-surrénalienne se traduit par la maladie d'Addison, et l'hyperfonctionnement, par le syndrome de Cushing.

MÉDULLA

De couleur rouge foncé, elle est constituée :

1. D'endocrinocytes groupés en amas ou en cordons autour du plexus veineux de la médulla.

2. De neurones multipolaires, en amas ou isolés.
La médulla sécrète des hormones agissant sur le métabolisme et l'appareil cardio-vasculaire (catécholamines : adrénaline, noradrénaline, dopamine).

L'hyperfonctionnement médullo-surrénalien est réalisé par les tumeurs sécrétantes ou phéochromocytomes.

19

PARAGANGLIONS

Les paraganglions sont des structures semblables du point de vue embryologique et fonctionnel, à la médulla de la glande surrénale. Ils sont disséminés dans l'organisme et comprennent les paraganglions sympathiques et les paraganglions parasympathiques.

L'obstruction de l'uretère, par un calcul le plus souvent (ou lithiase urétérique) est une menace pour la fonction rénale.

GÉNÉRALITÉS

SITUATION - FORME

Ils accompagnent le système sympathique et para sympathique (nn. vague et glossopharyngien).
Ils se présentent sous forme :

- soit d'amas de cellules chromaffines situés dans les ganglions sympathiques et dans la paroi des viscères ;
- soit de formations autonomes encapsulées dénommées *glomus*.

STRUCTURE

Un paraganglion est constitué de deux types de cellules :

- *Les endocrinocytes granulaires*
  Semblables aux cellules chromaffines de la surrénale, ils sont d'origine neuro-ectodermiques.
  Ils sont groupés autour des capillaires sinusoides
  Ils produisent des catécholamines.
- *Et les épithélioïdocytes de soutien,* étroitement unis aux précédents.

Le paraganglion est bien vascularisé.

GLOMUS AORTIQUE[1]

Il est situé contre l'aorte abdominale de chaque côté de l'origine de l'a. mésentérique inférieure. Long de 1 cm environ à la naissance, il régresse après la naissance et devient microscopique.

GLOMUS COCCYGIEN[2]

Il est situé contre la face ventrale du coccyx, à la terminaison de l'a. sacrale médiane. Il mesure environ 2,5 mm.
Sa fonction est ignorée.

GLOMUS CAROTIDIENS

Ils sont situés en arrière de la bifurcation des aa. carotides communes, contre les sinus carotidiens. Chaque glomus est ovoïde et mesure 5 à 7 mm de longueur et 2,5 à 4 mm de largeur. Il peut être subdivisé en nodules. Il reçoit des neurofibres sympathiques mais aussi parasympathiques des nn. vague et glosso-pharyngien.
Ils sont vascularisés par des branches de l'a. carotide externe. Ils dérivent du mésenchyme du 3e arc pharyngien. Les glomus carotidiens sont des chémorécepteurs artériels.

GLOMUS JUGULAIRES[3]

Chaque glomus est situé au niveau du bulbe de la v. jugulaire interne près de la branche tympanique du n. glossopharyngien ou de la branche auriculaire du n. vague. Ils sont ovoïdes et mesurent 0,5 mm de longueur et 0,25 mm de largeur.

GLOMUS PULMONAIRES

Ils sont situés au contact des artères pulmonaires.

---

1. Ancien. : corps para-aortique, corps ou organe de Zuckerkandl.
2. Ancien. : corps coccygiens, glande coccygienne de Luschka.
3. Ancien. : corps tympanique.

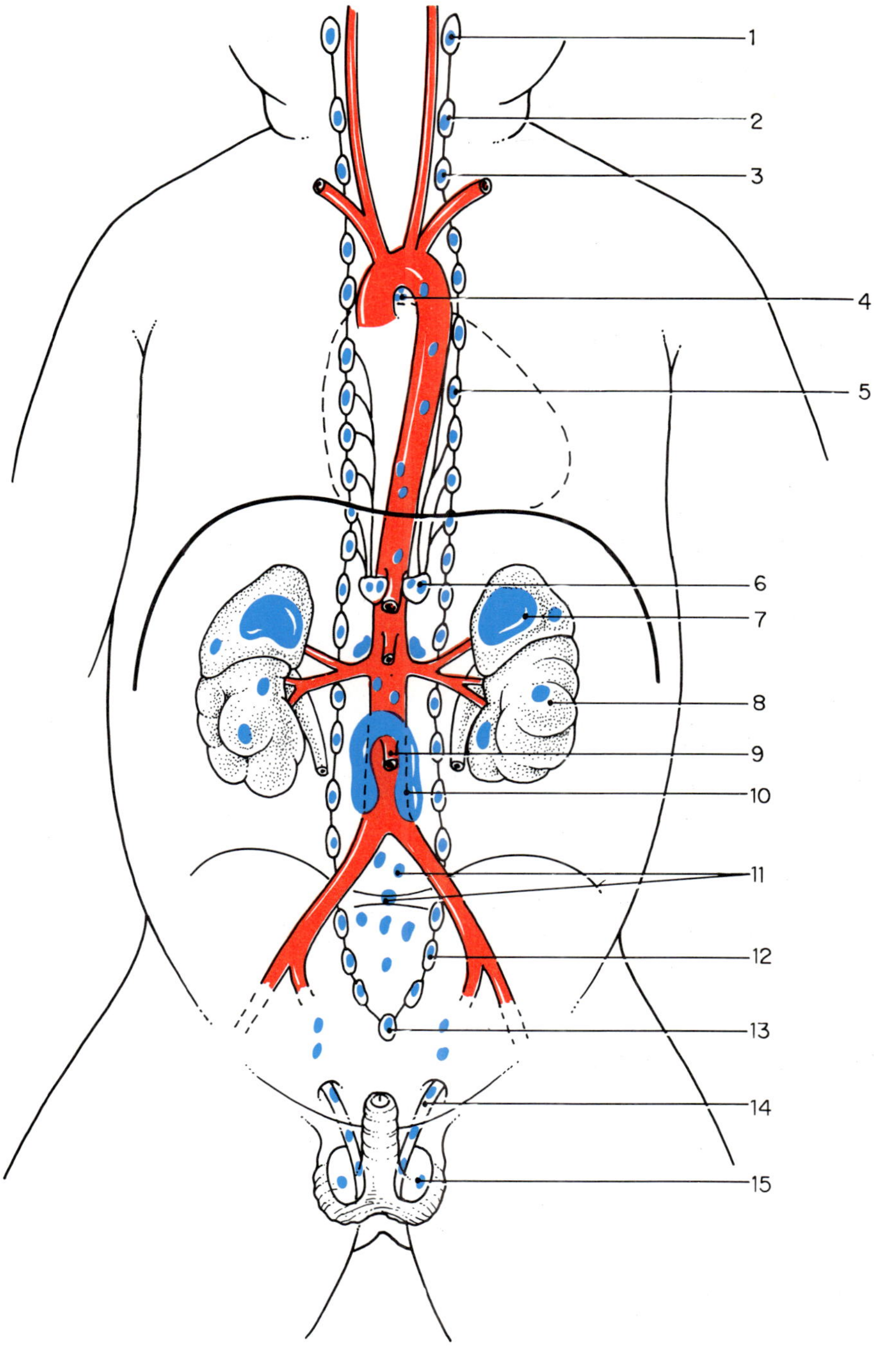

Système chromaffine chez le nouveau-né – en bleu
(d'après Williams et Warwick)

1 - Ganglion cervical sup.
2 - Glomus carotidien
3 - Ganglion cervical inf.
4 - Plexus cardiaque
5 - Ganglion thoracique
6 - Ganglion cœliaque
7 - Surrénale
8 - Rein
9 - A. mésentérique inf.
10 - Glomus aortique
11 - Plexus hypogastrique sup.
12 - Ganglion sacral
13 - Ganglion coccygien
14 - Conduit déférent
15 - Testicule

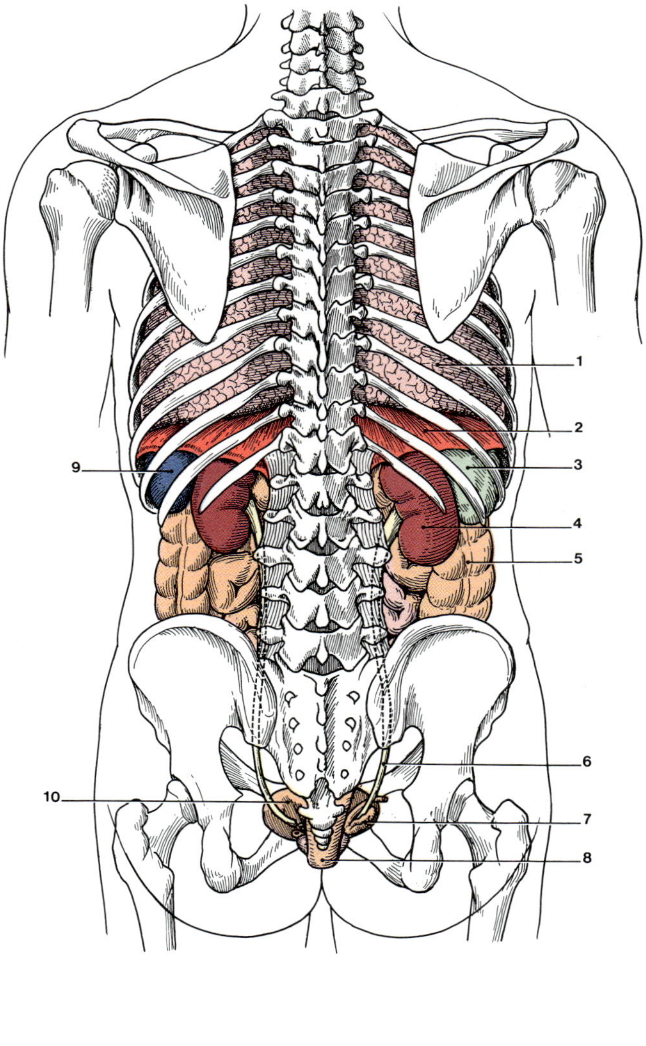

Viscères en place (vue postérieure)

1 - Poumon
2 - Diaphragme
3 - Foie
4 - Rein
5 - Côlon
6 - Uretère
7 - Vésicule séminale
8 - Rectum
9 - Rate
10 - Vessie

20

URETÈRE

L'uretère est le conduit excréteur du rein. Il fait suite au pelvis rénal et s'abouche dans la vessie.
Ce conduit contractile présente deux parties, abdominale et pelvienne, dont la séparation est située au niveau du détroit supérieur.

SOMMAIRE / MOTS-CLÉS

Organogénèse :
diverticule métanéphrique

Généralités
Direction
– La partie abdominale
– La partie pelvienne
Dimensions
– Sa longueur
– Son calibre
Aspect

Rapports
La partie abdominale
– Anatomie de surface
– L'uretère lombaire
– L'uretère iliaque
La partie pelvienne
– Trajet
– Chez l'homme : *segments pariétal, viscéral, vésical*
– Chez la femme : *segments pariétal, viscéral, vésical*

Vascularisation
Les artères
Les veines
Les lymphatiques

Innervation

Structure
L'adventice
La musculeuse
La muqueuse ou urothélium

DÉVELOPPEMENT

ORGANOGÉNÈSE[1]

L'uretère dérive du *diverticule métanéphrique* qui apparaît au cours de la 4e semaine. Ce diverticule s'accroit dans le sens caudo-crânial et pénètre le blastème métanéphrogénique.
L'extrémité crâniale s'élargit et se bifurque pour former le pelvis rénal et les grands calices. Chaque calice se subdivise pour donner des petits calices qui se bifurquent successivement pour former les conduits collecteurs du rein.

ANOMALIES

1. L'uretère double

Il relève de la division précoce du diverticule métanéphrique. La duplication peut être totale ou partielle (uretère bifide).

2. L'abouchement ectopique de l'uretère

Il est possible dans l'urètre, le vestibule du vagin, le rectum, les vésicules séminales.

3. L'uretère rétrocave

Il est l'anomalie de disposition la plus fréquente.

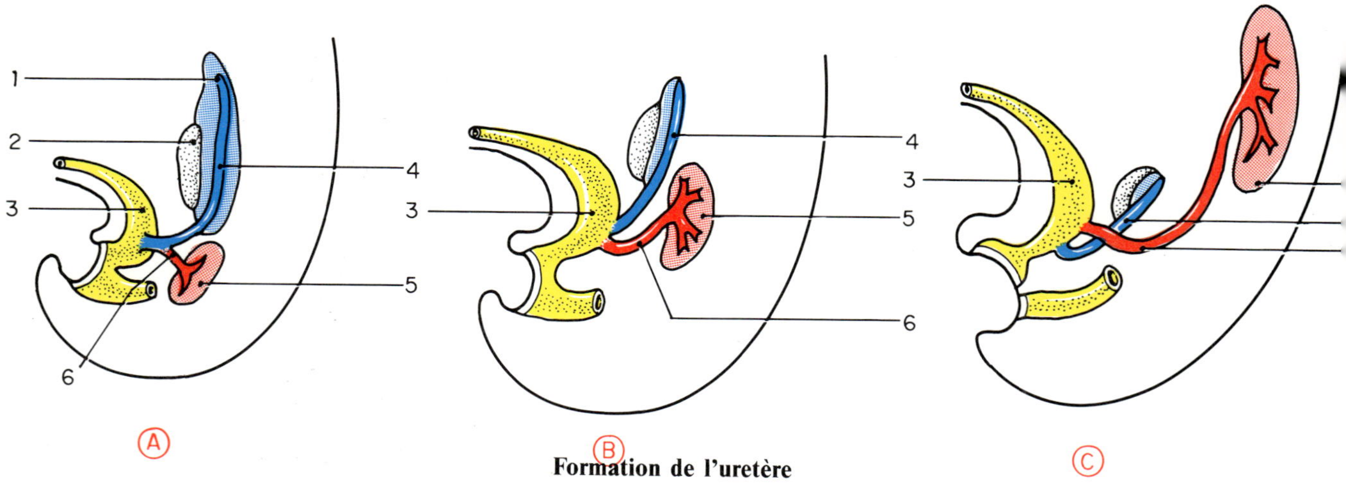

Formation de l'uretère

1 - Mésonéphros
2 - Gonade
3 - allantoide
4 - Conduit mésonéphrique
5 - Blastème métanéphrique
6 - Diverticule métanéphrique
A - A 5 semaines
B - A 7 semaines
C - A 8 semaines

1. Voir « le Rein ».

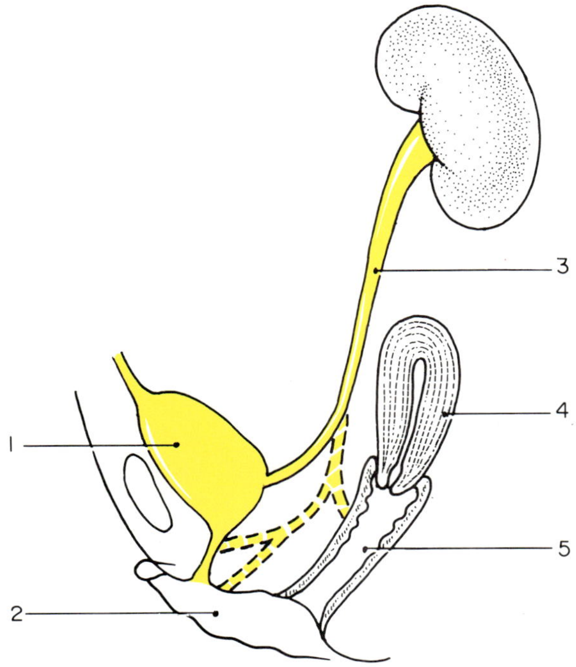

Abouchements ectopiques de l'uretère
(d'après Langman)
1 - Vessie
2 - Vulve
3 - Uretère
4 - Utérus
5 - Vagin

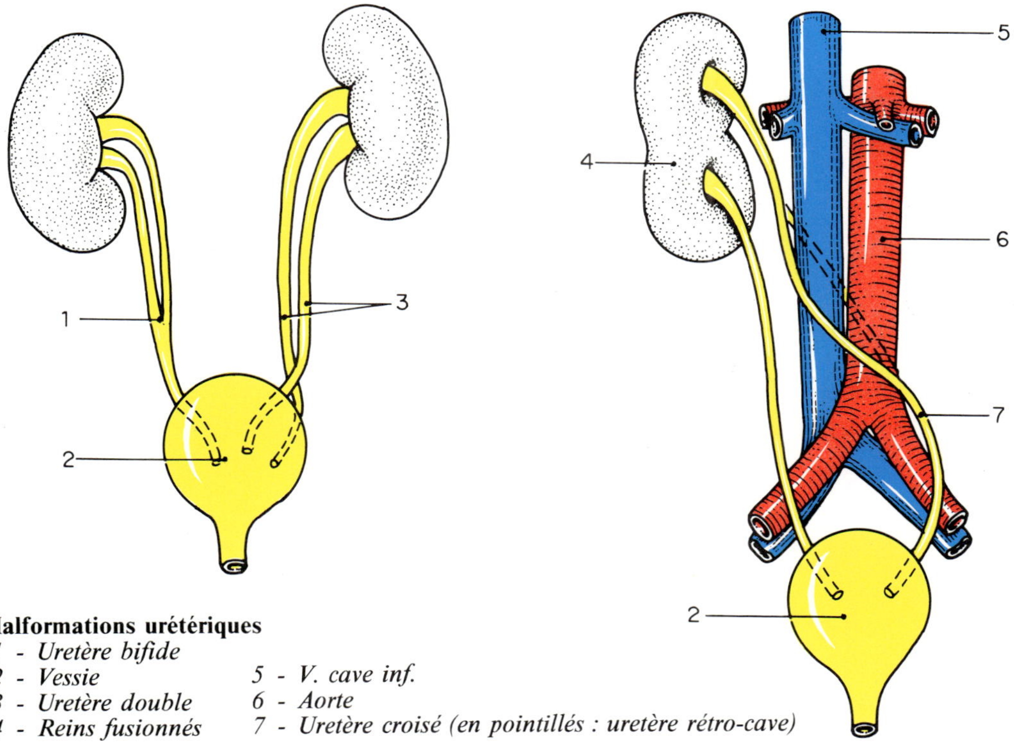

Malformations urétériques
1 - Uretère bifide
2 - Vessie
3 - Uretère double
4 - Reins fusionnés
5 - V. cave inf.
6 - Aorte
7 - Uretère croisé (en pointillés : uretère rétro-cave)

GÉNÉRALITÉS

Durant son trajet, l'uretère est situé dans le tissu conjonctif lâche, extrapéritonéal qui assure la liberté de ses mouvements.
Les atteintes de ce tissu conjonctif peuvent retentir gravement sur la compliance urétérale, puis sur la fonction rénale.

DIRECTION

1. La partie abdominale
Elle descend verticalement et légèrement en dedans jusqu'au détroit supérieur (uretère lombaire) ; puis elle surcroise les vaisseaux iliaques (uretère iliaque).

2. La partie pelvienne
Elle décrit une courbe concave en avant et en dedans.
Sur les clichés d'urographie, chaque partie forme un fuseau correspondant à une onde contractile.

DIMENSIONS

1. Sa longueur
Elle est de 25 à 30 cm, chaque partie étant approximativement de même longueur.

2. Son calibre
Il varie de 3 à 5 mm. A l'état de vacuité, l'uretère est aplati.

ASPECT

L'uretère est blanc-rosé, animé de mouvements péristaltiques réguliers caractéristiques.

RAPPORTS

PARTIE ABDOMINALE

Elle est située dans l'espace rétro-péritonéal et présente deux segments : l'uretère lombaire et l'uretère iliaque.

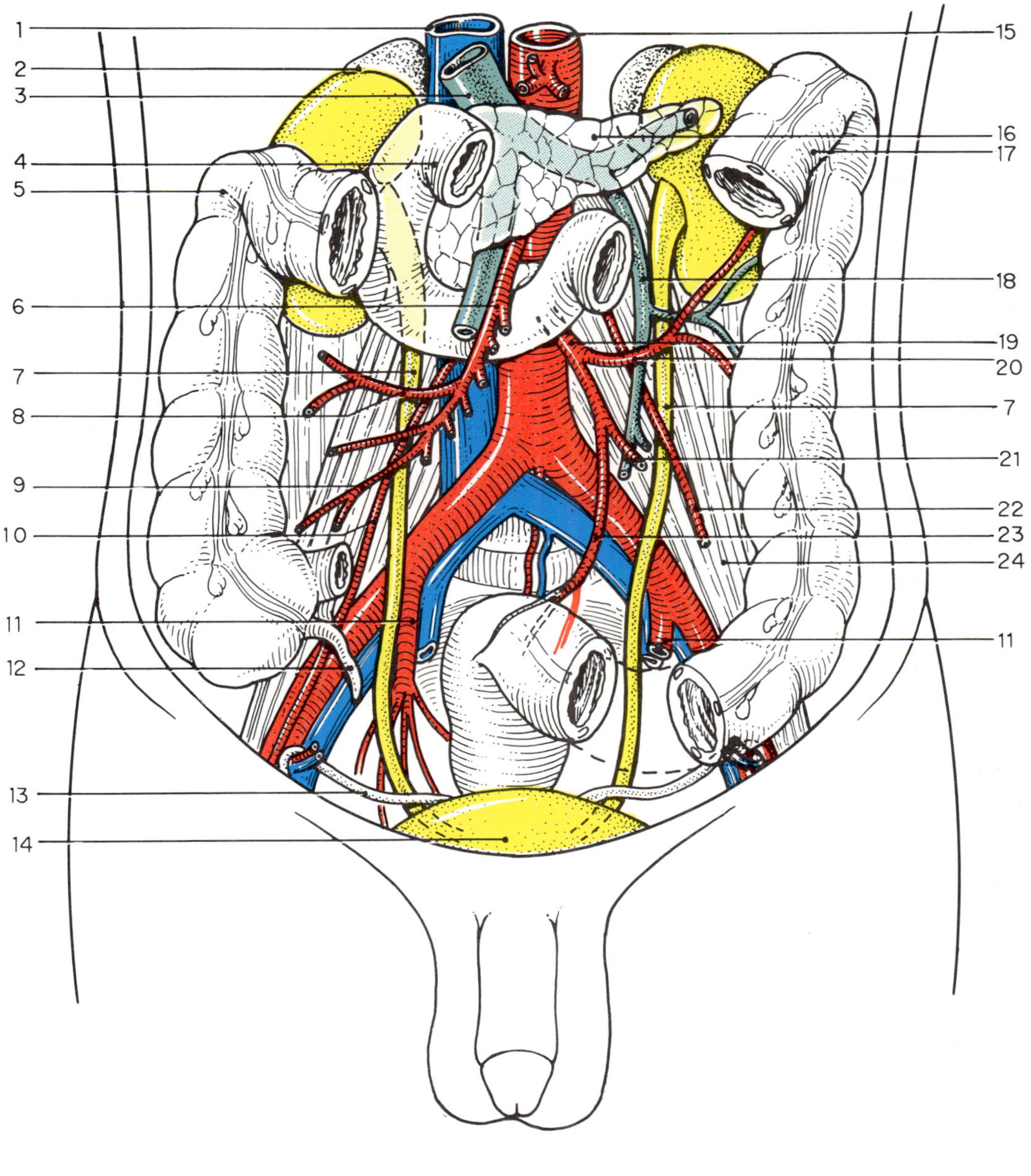

Rapport des uretères

1 - V. cave inférieure
2 - Glande surrénale
3 - V. porte
4 - Duodénum
5 - Angle colique droit
6 - A. et v. mésentériques supérieures
7 - Uretère
8 - A. colique droite
9 - A. iléo-cœcale
10 - A. testiculaire droite
11 - A. et v. iliaques internes
12 - Appendice vermiforme
13 - Conduit déférent
14 - Vessie
15 - Aorte abdominale
16 - Pancréas
17 - Angle colique gauche
18 - V. mésentérique inférieure
19 - A. mésentérique inférieure
20 - A. colique gauche
21 - A. sigmoïdienne
22 - A. testiculaire gauche
23 - A. rectale supérieure
24 - M. psoas

1. Anatomie de surface

- En arrière, il se projette sur le sommet des processus transverses des vertèbres lombaires L3 - L4 et L5.
- En avant, l'origine de la partie abdominale ou point urétérique supérieur est située à 4 cm de la ligne médiane. L'extrémité inférieure de cette partie, ou point urétérique inférieur, répond au tiers externe de la ligne unissant les deux épines iliaques antéro-supérieures.

Le point urétérique inférieur est accessible aux touchers vaginal et rectal.

2. L'uretère lombaire[1]

a) En arrière

Il repose sur le muscle grand psoas, sur lequel chemine le nerf génito-fémoral qui se dirige en bas et latéralement.

b) En avant

- *L'uretère droit*
  - il répond à la partie descendante du duodénum, puis au mésocôlon ascendant ;
  - il est croisé par les vaisseaux coliques droits, puis par les vaisseaux gonadiques (testiculaires ou ovariques) au niveau de L3.
- *L'uretère gauche*
  - il répond au mésocôlon descendant ;
  - il est croisé par la veine gonadique gauche, les vaisseaux coliques gauches, et l'artère gonadique gauche, au niveau de L3.

- L'uretère hypotonique chez la femme enceinte, peut être comprimé surtout à droite par les veines gonadiques dilatées, créant ainsi le syndrome de la veine ovarique.

c) Latéralement

Chaque uretère est adhérent à la partie infra-hilaire des reins, puis répond à droite au côlon ascendant et à gauche au côlon descendant.

d) Médialement

- *L'uretère droit* répond à la veine cave inférieure et à ses nœuds lymphatiques.
- *L'uretère gauche,* à l'aorte abdominale et ses nœuds lymphatiques.

3. L'uretère iliaque

a) En arrière

- *Chez l'homme,* l'uretère droit répond à l'origine des vaisseaux iliaques externes, et l'uretère gauche à la terminaison des vaisseaux iliaques communs.
- *Chez la femme,* chaque uretère répond à la terminaison des vaisseaux iliaques communs.

b) En avant

- *L'uretère droit* est croisé par la racine du mésentère et les vaisseaux iléo-coliques.
- *L'uretère gauche* est croisé par le mésocôlon sigmoïde et les vaisseaux sigmoïdiens.

---

1. Syn. : uretère lombal.

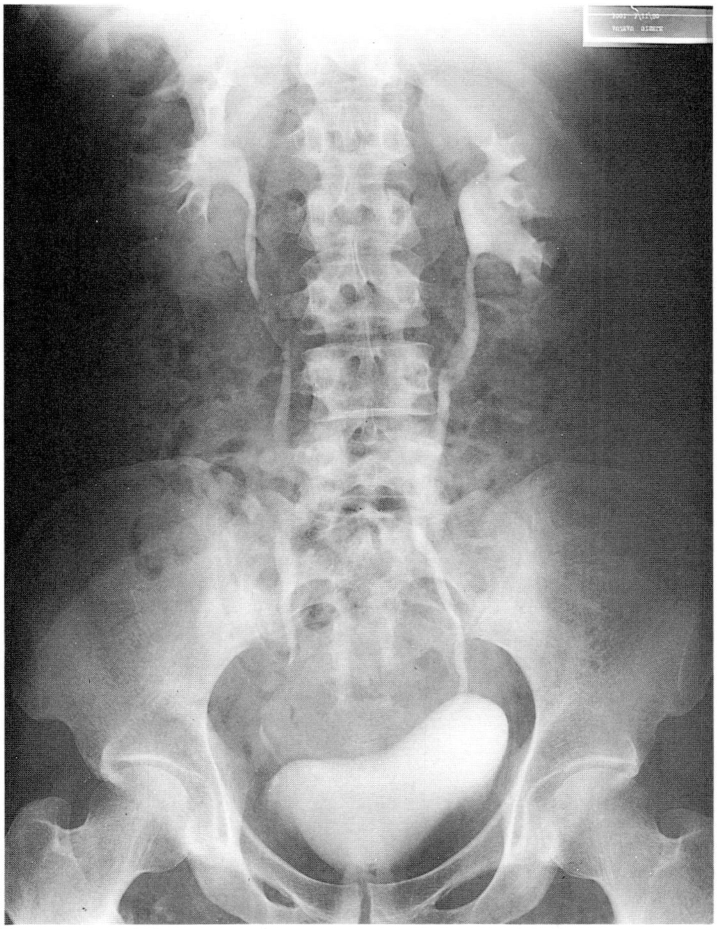

Uretères *(urographie intraveineuse)*

PARTIE PELVIENNE [1]

Elle chemine dans l'espace extrapéritonéal pelvien et présente trois segments, pariétal, viscéral et vésical.

1. Trajet

- *Le segment pariétal* descend contre la paroi pelvienne latérale en suivant le bord antérieur de la grande incisure ischiatique jusqu'au niveau de l'épine ischiatique où il s'incurve.
- *Le segment viscéral* se dirige en avant et médialement, à distance du diaphragme pelvien.

2. Chez l'homme

a) Le segment pariétal
Il descend en avant de l'artère iliaque interne.

- *En dehors,* il répond à la veine iliaque interne, au nerf obturateur, à l'origine des vaisseaux ombilicaux, obturateurs et vésicaux inférieurs.
- *En dedans,* il adhère à la face profonde du péritoine pelvien et répond au rectum dont le sépare la fosse para-rectale.

b) Le segment viscéral

- Il est surcroisé par le conduit déférent et traverse le ligament latéral de la vessie, entouré d'un plexus veineux dense et des rameaux du plexus hypogastrique inférieur.
- Puis il passe légèrement au-dessus de la vésicule séminale pour atteindre la base de la vessie.

c) Le segment vésical
Chaque uretère traverse obliquement la paroi vésicale sur 1 cm environ.
- Leurs pénétrations sont distantes de 4 cm environ.
- Leurs abouchements au niveau des angles latéraux du trigone vésical sont distants de 2,5 cm. Cet ostium vésical est elliptique.

Le reflux vésico-urétérique dépend essentiellement de la longueur de la partie vésicale.

3. Chez la femme

a) Le segment pariétal
Il descend en avant de l'a. iliaque interne.

- *En dehors,* il est en rapport avec la v. iliaque interne, le n. obturateur, les vaisseaux obturateurs, ombilicaux, utérins et vaginaux.
- *En dedans,* il adhère à la face profonde du péritoine et répond au rectum dont le sépare la fosse para rectale.
- *Il longe le bord postérieur de la fosse ovarique et répond donc en avant à l'ovaire.*

b) Le segment viscéral

- Il se dirige en avant et médialement dans le paramètre le long du bord postéro-médial de l'artère utérine.
- Ensuite l'artère utérine le croise en avant à 15 mm de l'isthme et à 10 mm du fornix latéral du vagin.

---

1. Voir Fascicule « Petit bassin ».

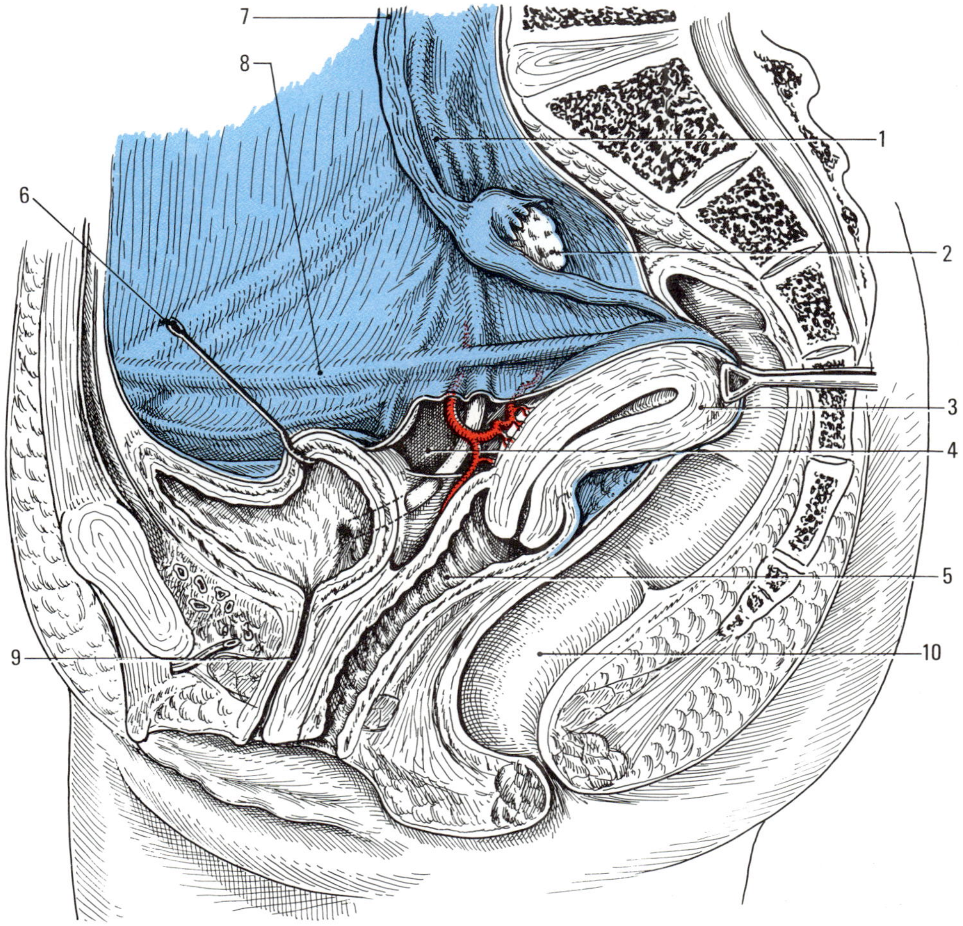

Portion terminale de l'uretère (coupe médio-sagittale du bassin féminin)
A : Fosse ovarique
1 - Uretère
2 - Ovaire
3 - Utérus récliné en arrière
4 - Espace vésico-vaginal
5 - Vagin
6 - Vessie réclinée en avant
7 - Ligament suspenseur de l'ovaire
8 - ligament rond
9 - Urètre
10 - Rectum

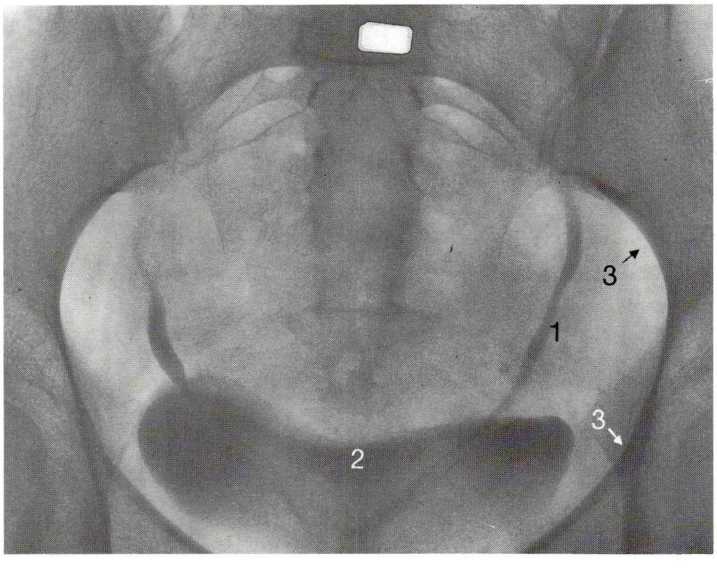

Partie pelvienne de l'uretère
(urographie intraveineuse)
1 - Uretère
2 - Vessie
3 - Ligne terminale

- Puis il parcourt brièvement le septum vésico-vaginal avant de pénétrer dans la vessie.

Ce segment urétéral est directement menacé au cours des hystérectomies totales.

c) Segment vésical
Il est identique à celui de l'homme.

VASCULARISATION

ARTÈRES

Elles dérivent de l'artère rénale (rameaux urétériques supérieurs), des artères testiculaire ou ovarique (rameaux urétériques accessoires), de l'artère iliaque commune (rameau urétérique moyen), des artères utérine ou du conduit déférent (rameau urétérique inférieur).
Ces rameaux urétériques se divisent en T au contact de l'uretère pour former un réseau anastomotique adventitiel.
Ce réseau est une excellente voie de suppléance permettant de disséquer l'uretère sur une grande longueur, à condition de respecter son adventice.

VEINES

Elles se drainent dans les veines rénales, testiculaires ou ovariques, vésicales et utérines.

LYMPHATIQUES

Le plexus adventitiel se draine dans les nœuds lymphatiques latéro-caves, latéro-aortiques, iliaques communs, iliaques externes et iliaques internes.

INNERVATION

Les nerfs urétériques dérivent des plexus rénaux, testiculaires ou ovariques, et hypogastriques inférieurs.
L'origine de ces nerfs explique l'irradiation des douleurs urétériques (migration des calculs par exemple) vers le scrotum ou les grandes lèvres.

STRUCTURE

L'uretère présente 3 tuniques, l'adventice, la musculeuse et la muqueuse.

ADVENTICE

Tunique conjonctive lâche, elle se continue avec la capsule fibreuse du rein et la fascia vésical ; elle contient les vaisseaux et nerfs de l'uretère.

MUSCULEUSE

Elle est constituée de faisceaux de myocytes lisses et d'un abondant tissu conjonctif lâche. D'aspect plexiforme, on peut distinguer trois couches :

1. **Une couche interne** longitudinale, qui se prolonge dans la vessie avec le muscle trigonal.

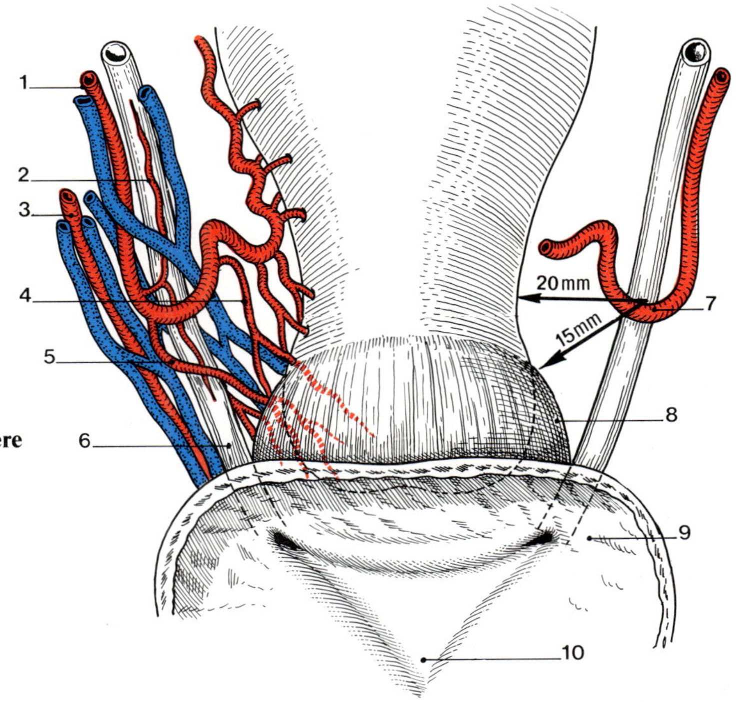

Croisement de l'artère utérine et de l'uretère
(d'après Paturet), vue antérieure
1 - *Artère utérine*
2 - *Rameau urétérique*
3 - *Artère vaginale*
4 - *Artère cervico-vaginale*
5 - *Artère vésico-vaginale*
6 - *Uretère*
7 - *Crosse de l'artère utérine*
8 - *Vagin*
9 - *Vessie*
10 - *Trigone vésical*

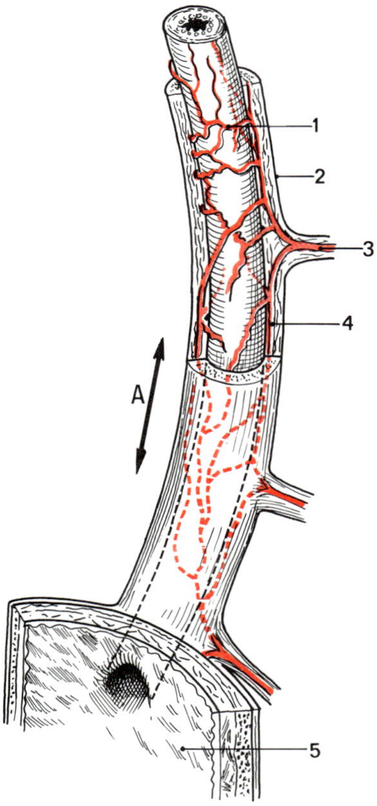

Le système anastomotique adventitiel
(d'après Poulhès et Juskiewenski)
A - *Chevauchement des territoires sans anastomoses*
1 - *Réseau adventitiel*
2 - *Adventice*
3 - *Artère urétérique*
4 - *Système anastomotique longitudinal para-urétérique*
5 - *Vessie*

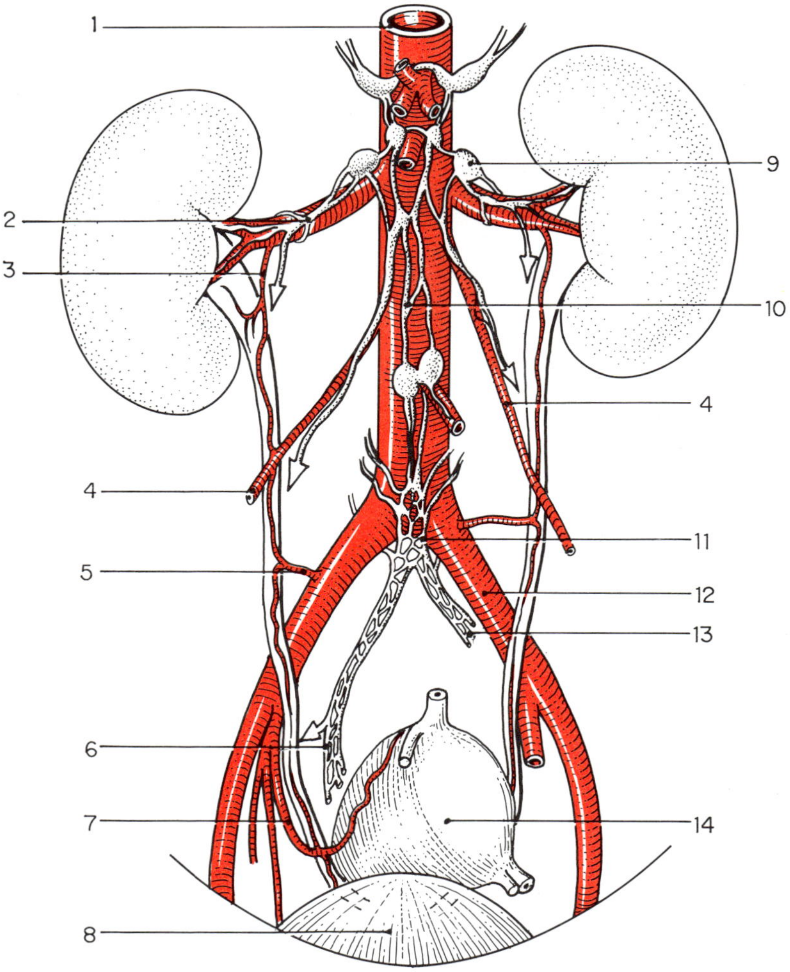

Artères et nerfs de l'uretère

1 - Aorte abdominale
2 - Plexus rénal
3 - Rameau urétérique supérieur
4 - A. testiculaire (ou ovarique)
5 - Rameau urétérique moyen
6 - Plexus hypogastrique inférieur
7 - A. utérine
8 - Vessie
9 - Ganglion aortico-rénal
10 - Plexus intermésentérique
11 - Plexus hypogastrique sup.
12 - A. iliaque commune
13 - N. hypogastrique
14 - Utérus

2. Une couche moyenne, circulaire.

3. Une couche externe, longitudinale, apparaissant dans la partie pelvienne.

Le péristaltisme uretéral est essentiellement myogène puisqu'il subsiste après dénervation (transplantation rénale). Il est responsable de l'éjection de l'urine dans la vessie à la fréquence de 1 à 6 minutes.

MUQUEUSE OU UROTHÉLIUM

Elle est très plissée avec un épithélium transitionnel.

COUPES TRANSVERSALES DE L'ABDOMEN

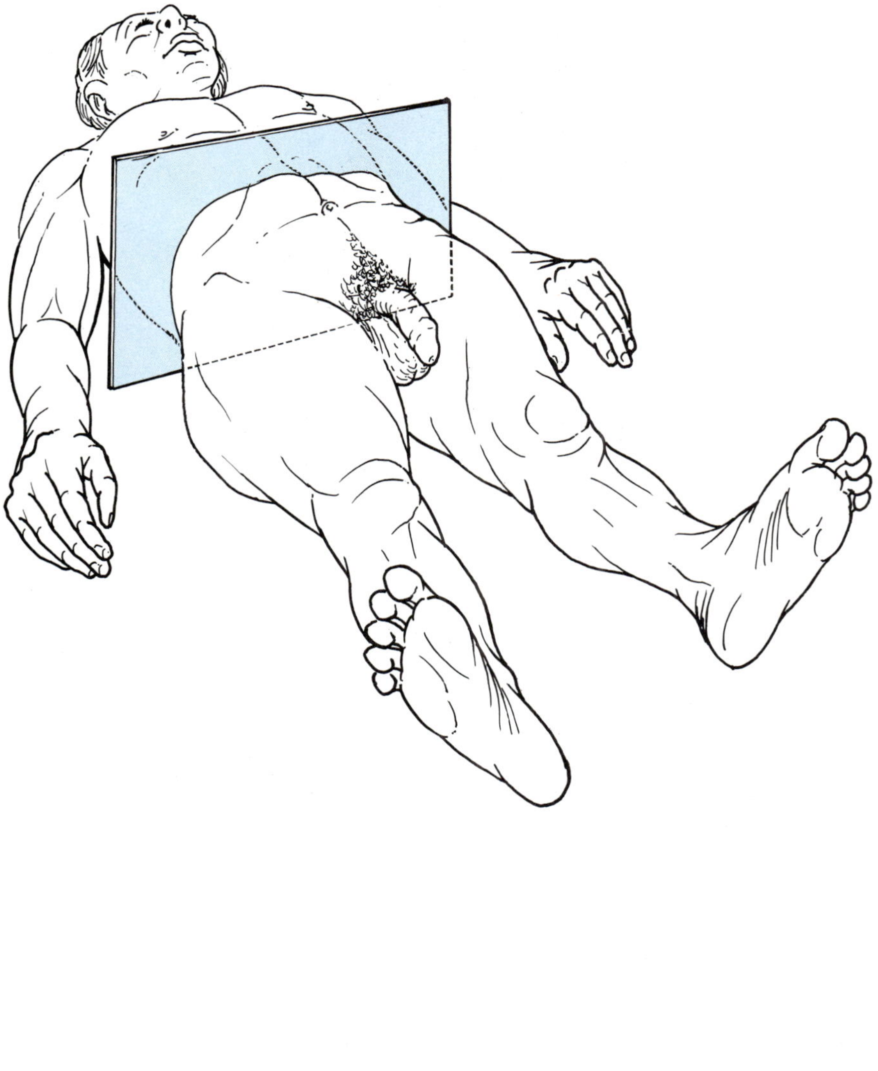

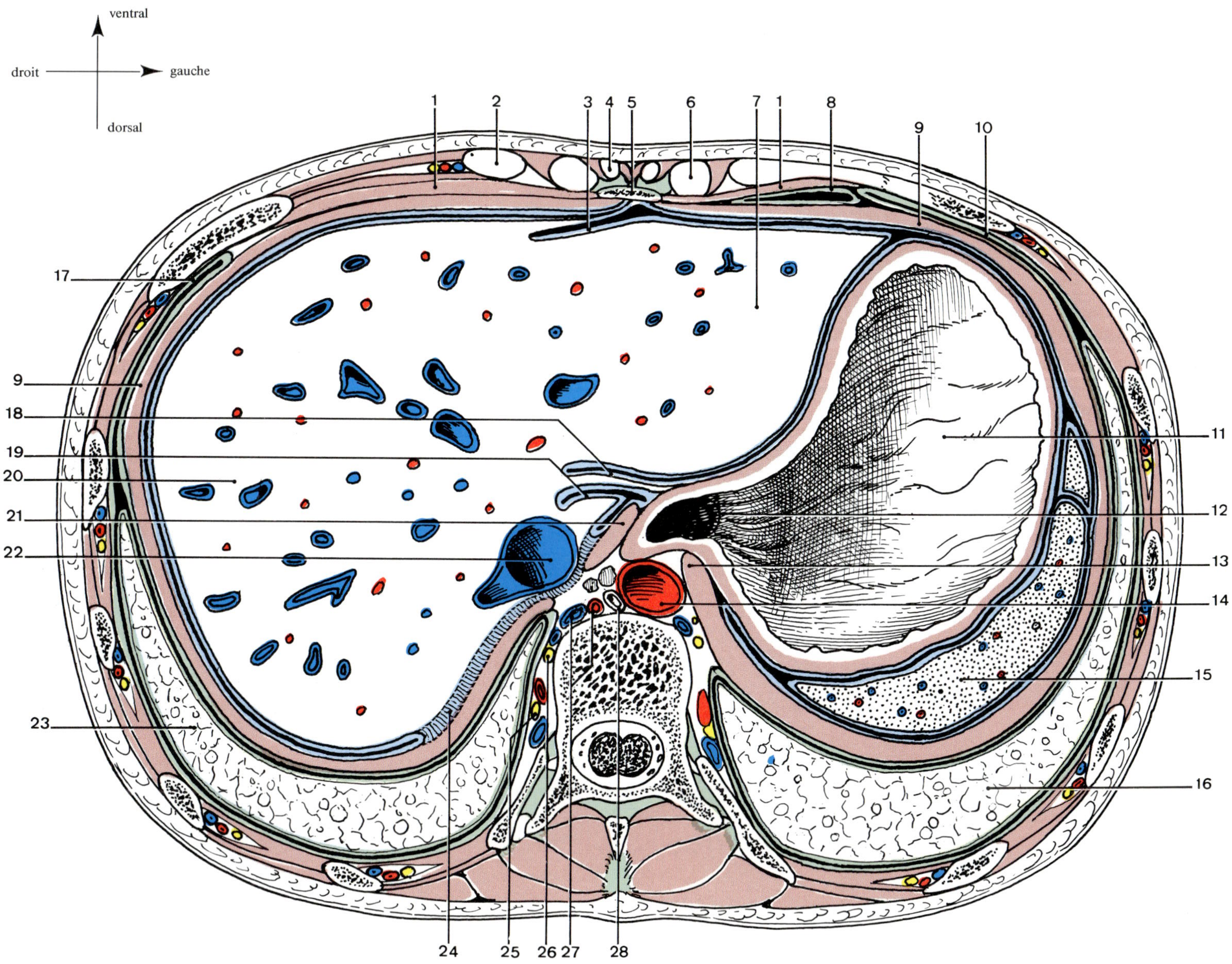
ventral
droit
gauche
dorsal
1
2
3
4
5
6
7
1
8
9
10
11
12
13
14
15
16
17
9
18
19
20
21
22
23
24
25
26
27
28

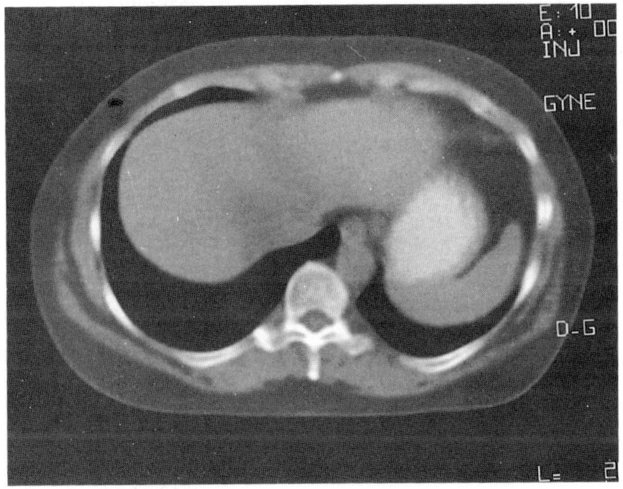

Coupe transversale du tronc au niveau du T10
(D'après E. Pernkopf)

1 - *m. transverse du thorax*
2 - *5ᵉ cartilage costal*
3 - *lig. falciforme*
4 - *7ᵉ cartillage costal*
5 - *processus xiphoïde*
6 - *6ᵉ cartilage costal*
7 - *lobe gauche du foie*
8 - *cavité péricardique*
9 - *diaphragme*
10 - *récessus costo-diaphragmatique gauche*
11 - *estomac*
12 - *cardia*
13 - *pilier gauche du diaphragme*
14 - *aorte*
15 - *rate*
16 - *poumon gauche*
17 - *récessus costo-diaphragmatique droit*
18 - *lig. gastro-hépatique*
19 - *lobe caudé*
20 - *lobe droit du foie*
21 - *pilier droit du diaphragme*
22 - *v. cave inf.*
23 - *poumon droit*
24 - *lig. coronaire du foie*
25 - *tronc sympathique et a. v. intercostales*
26 - *n. petit splanchnique*
27 - *n. grand splanchnique, v. azygos et a. diaphragmatique sup.*
28 - *conduit thoracique.*

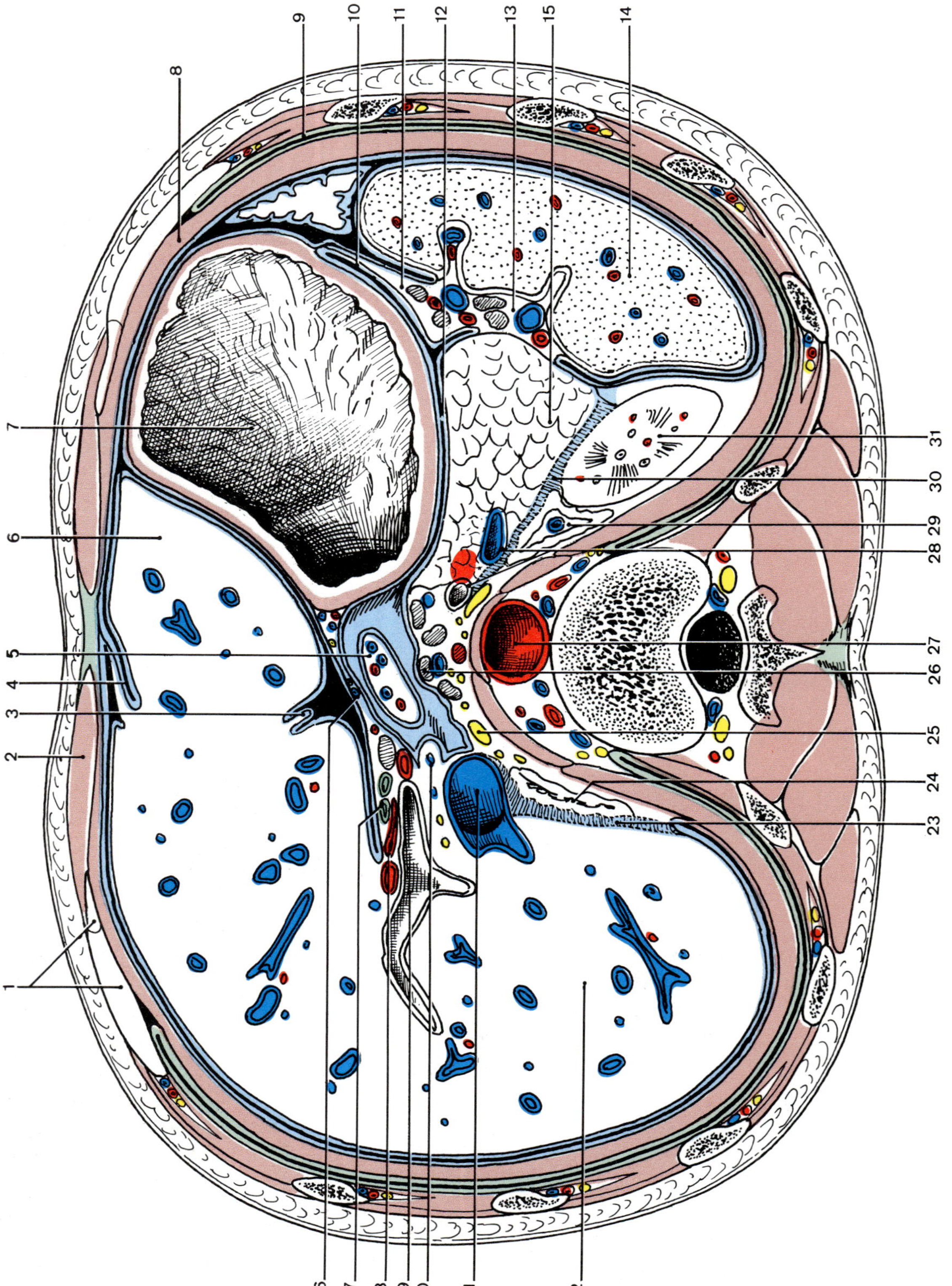

1
2
3
4
5
6
7
8
9
10
11
12
13
14
15
16
17
18
19
20
21
22
23
24
25
26
27
28
29
30
31

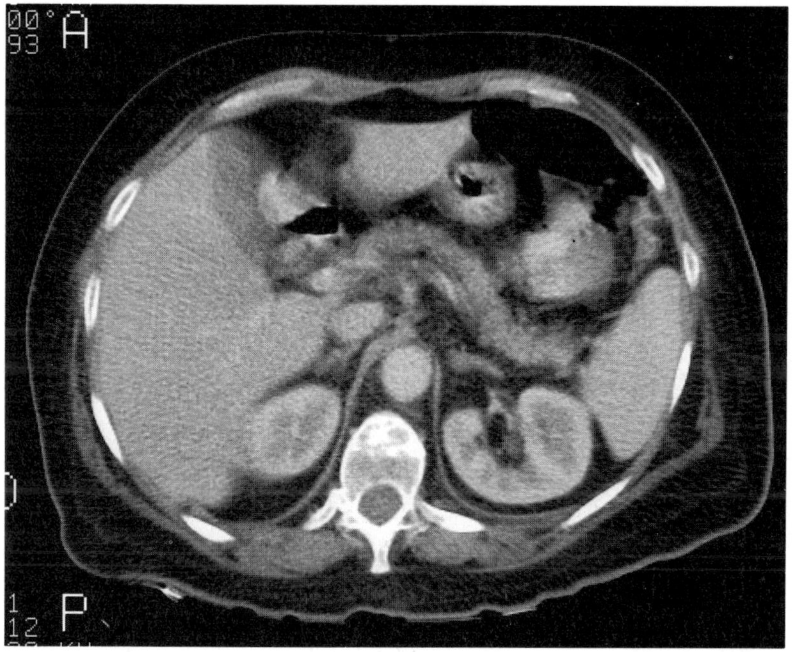

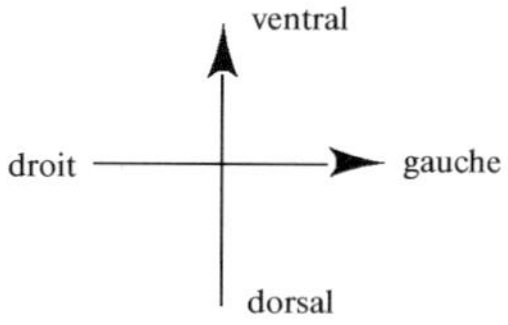

Coupe transversale de l'abdomen au niveau de T12-L1
(d'après E. Pernkopf)

1 - *6ᵉ et 7ᵉ cartilages costaux*
2 - *m. droit de l'abdomen*
3 - *lig. rond du foie*
4 - *lig. falciforme*
5 - *lobe caudé*
6 - *lobe gauche du foie*
7 - *estomac*
8 - *diaphragme*
9 - *récessus costo-diaphragmatique*
10 - *bourse omental (récessus liénal)*
11 - *lig. gastro-liénal*
12 - *bourse omentale*
13 - *a. v. nœuds lympathiques liénaux*
14 - *rate*
15 - *pancréas*
16 - *petit omentum (lig. gastro-colique)*
17 - *conduit cholédoque*
18 - *r. droit de l'a. hépathique*
19 - *r. droit de la v. porte*
20 - *processus caudé*
21 - *v. cave inf.*
22 - *lobe droit du foie*
23 - *lig. coronaire*
24 - *glande surrénale droite*
25 - *ganglion coéliaque gauche*
26 - *nœuds lymphatiques lombaux*
27 - *aorte*
28 - *a. et v. liénales*
29 - *gl. surrénale gauche*
30 - *mésoduodénum*
31 - *rein gauche*

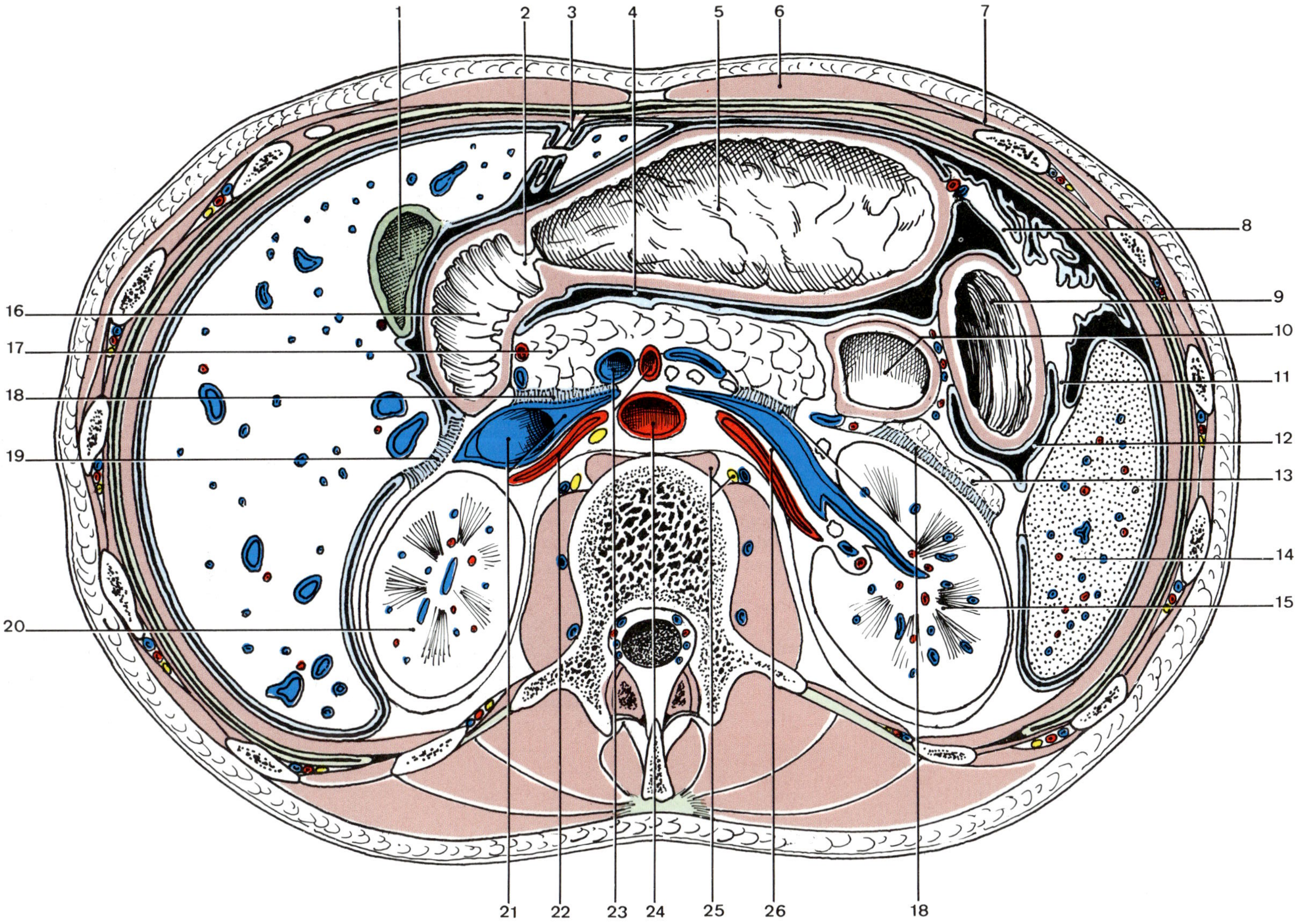
1
2
3
4
5
6
7
8
9
10
11
12
13
14
15
16
17
18
19
20
21
22
23
24
25
26
18

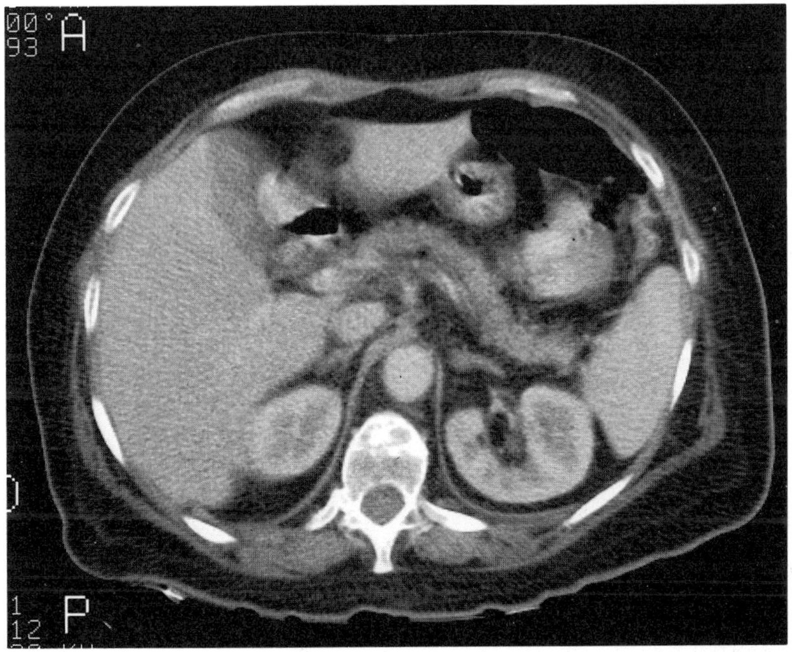

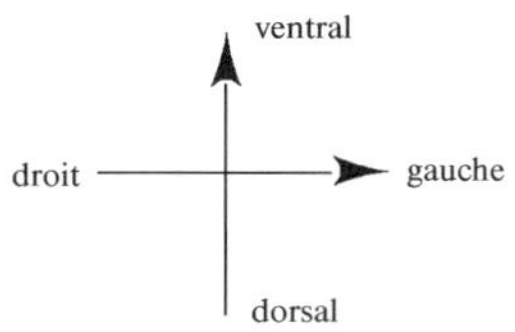

Coupe transversale de l'abdomen au niveau de L2
(d'après E. Pernkopf)

1 - *vésicule biliaire*
2 - *pylore*
3 - *lig. falciforme*
4 - *bourse omentale*
5 - *estomac*
6 - *m. droit de l'abdomen*
7 - *m. oblique ext.*
8 - *lig. gastro-colique*
9 - *courbure colique gauche*
10 - *courbure duodéno-jéjunale*
11 - *lig. gastro-liénal*
12 - *récessus liénal de la bourse omentale*
13 - *queue du pancréas*
14 - *rate*
15 - *rein gauche*
16 - *duodénum*
17 - *tête du pancréas*
18 - *mésoduodénum*
19 - *lig. coronaire*
20 - *rein droit*
21 - *v. cave inf. et v. rénale*
22 - *a. rénale droite*
23 - *a. et v. mésentériques sup.*
24 - *aorte*
25 - *pilier gauche du diaphragme n. grand splanchnique et v. azygos*
26 - *a. et v. rénales gauches*

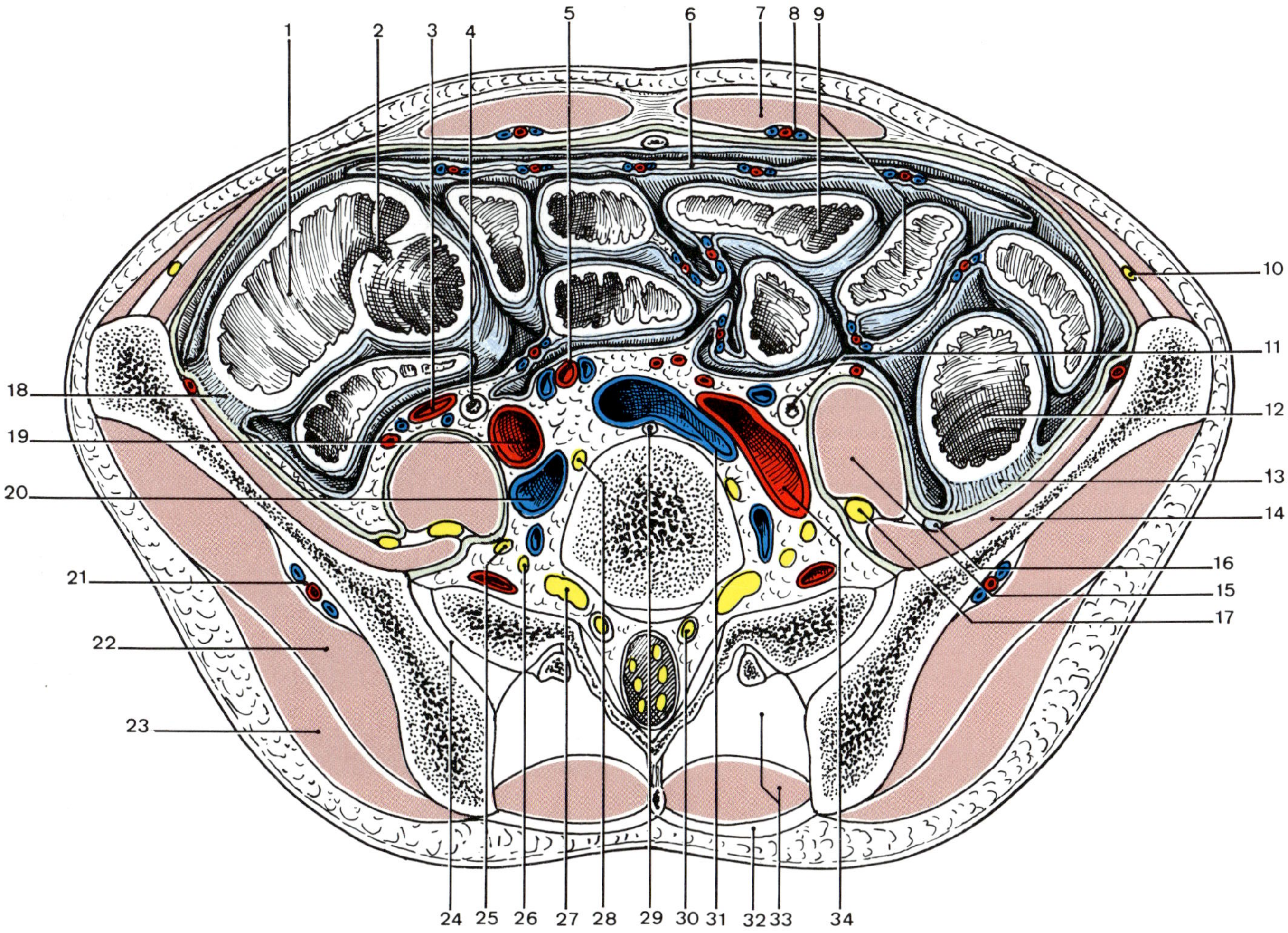
1
2
3
4
5
6
7
8
9
10
11
12
13
14
15
16
17
18
19
20
21
22
23
24
25
26
27
28
29
30
31
32
33
34

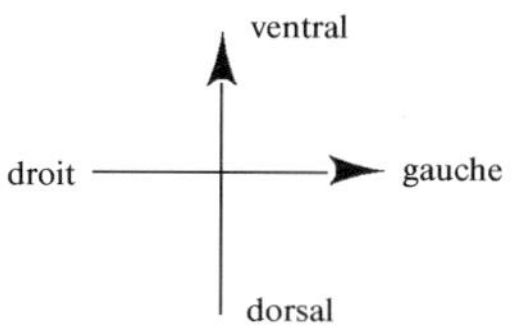

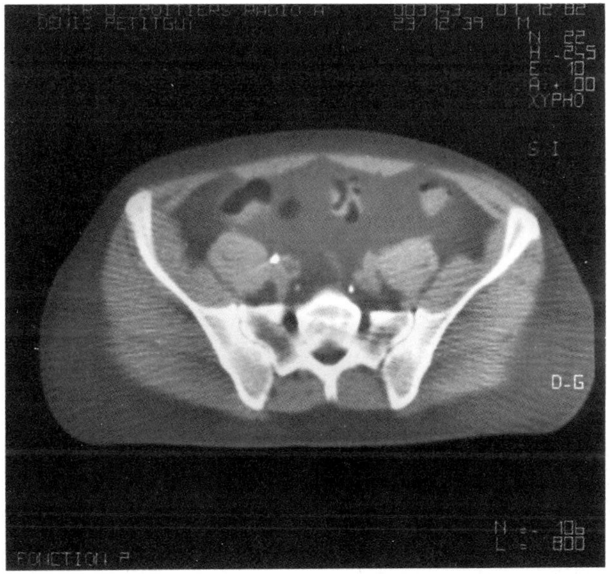

Coupe transversale de l'abdomen au niveau de L5

1 - *cæcum*
2 - *ostium iléco-cæcal*
3 - *a. iléo-colique*
4 - *uretère droit*
5 - *a. mésentérique sup.*
6 - *grand omentum*
7 - *m. droit de l'abdomen*
8 - *a. v. épigastriques inf.*
9 - *anse jéjuno-iléale*
10 - *n. ilio-inguinal*
11 - *uretère gauche*
12 - *côlon descendant*
13 - *mésocôlon descendant*
14 - *m. iliaque*
15 - *m. psoas*
16 - *n. cutané lat. de la cuisse*
17 - *n. fémoral*
18 - *mésocôlon ascendant*
19 - *a. iliaque commune droite*
20 - *v. iliaque commune droite*
21 - *a. v. glutéales sup.*
22 - *m. moyen fessier*
23 - *m. grand fessier*
24 - *articulation sacro-iliaque*
25 - *n. obturateur*
26 - *n. lombal L4*
27 - *n. lombal L5*
28 - *tronc sympathique*
29 - *a. sacrale médiane*
30 - *n. sacral S1*
21 - *v. iliaque commune gauche*
32 - *aponévrose lombo-sacrale*
33 - *m. érecteur du rachis*
34 - *a. iliaque commune gauche*

BIBLIOGRAPHIE

ANSON J.B., *Atlas of Human Anatomy.* W.B. Saunders édit., Philadelphia, 1950.

BOUCHET A., CUILLERET J., *Anatomie topographique, descriptive et fonctionnelle.* S.I.M.E.P. édit., Villeurbanne, 1975.

COUINAUD C., *Anatomie de l'abdomen.* Douin édit., Paris, 1963.

ÉLIAS H., PAULY J.E., BURNS E.R., *Hystologie et micro-anatomie du corps humain.* Traduction française de J.P. Musy. Piccin édit., Padova, 1984.

GARDNER E., *Anatomie.* Adaptation française de J. Bossy. Doin Édit., Paris, 1975.

HAMILTON W.J., *Textbook of human anatomy.* Seconde édition. The Macmillan Press L.T.D., London, 1976.

HOLLINSHEAD W., Anatomy for Surgeons. Vol. 2. *The back and limbs.* Second edition, Harper and Row edit., Philadelphia, 1971.

KAHLE W., LEONHART H., PLATZES W., Anatomie. Édition française par C. Cabrol. Flammarion édit., Paris, 1978.

KAMINA P., *Dictionnaire-Atlas d'Anatomie.* Maloine édit., Paris, 1984.

KAMINA P., *Anatomie gynécologique et obstétricale.* 4e édition, Maloine édit., Paris, 1984.

LÉGER L., *Sémiologie chirurgicale.* 5e édition. Masson édit., Paris, 1983.

Mc MINN R.M.H., HUTCHINGS R.T., *Atlas d'Anatomie.* Édition française par P. KAMINA. Delta et Spes édit., Lausanne, 1985.

MOORE K.L., *Clinically oriented Anatomy.* Williams and Wilkins édit., Baltimore, 1980.

NOMINA ANATOMICA, 6e édition, Williams and Vilkins, London, 1983.

NETTER F.H., *Atlas of human anatomy.* Ciba-Geigy corporation. Summit, New Jersey, 1989.

PANSKY B., *Review of medical embryology.* Macmillan Publishing Co., Inc., New York, 1982.

ROMANES G.J., *Cunningham's textbook of anatomy.* Oxford University press, London, 1972.

ROUVIÈRE H., DELMAS A., *Anatomie humaine.* 12e édition, Masson édit., Paris, 1985.

SOBOTTA J., *Atlas d'Anatomie humaine.* Édition française, Maloine édit. Paris, 1977.

WILLIAMS P.L., WARWICK R., *Gray's Anatomy,* 36e édition. Churchill Livingstone édit., London, 1980.

INDEX

A

B

C

D

F

G

H

I

L

M

N

O

P

R

S

T

U

V

Aubin Imprimeur
LIGUGÉ, POITIERS

Achevé d'imprimer en juin 1993
N° d'impression P 38953
Dépôt légal juillet 1993 / Imprimé en France